智慧图书馆的建设与管理

郭敏敏　尹雪琪　著

团结出版社

图书在版编目（CIP）数据

智慧图书馆的建设与管理 / 郭敏敏, 尹雪琪著. --
北京 ：团结出版社, 2023.9
ISBN 978-7-5234-0398-3

Ⅰ. ①智… Ⅱ. ①郭… ②尹… Ⅲ. ①数字图书馆－
图书馆管理－研究 Ⅳ. ①G250.76

中国国家版本馆 CIP 数据核字(2023)第 167056 号

智慧图书馆的建设与管理

出版发行：团结出版社
　　　　　（北京市东城区东皇城根南街 84 号）
电　　话：(010)65228880 65244790
网　　址：http://www.tjpress.com
E—mail：65244790@163.com
经　　销：全国新华书店
印　　刷：武汉鑫佳捷印务有限公司

开　　本：185mm×260mm　　 1/16
印　　张：11.25
字　　数：240 千字
版　　次：2023 年 9 月第 1 版
印　　次：2023 年 9 月第 1 次印刷

书　　号：978-7-5234-0398-3
定　　价：68.00 元

智慧图书馆的建设与管理

在这个充满变革和创新的时代，智慧图书馆不仅是传统图书馆的延伸，更是一个融合了先进技术和人文关怀的新兴平台。随着数字化技术的迅速发展，智慧图书馆在知识传承和文化传播方面正扮演着越来越重要的角色。它不仅仅是一个存储和提供书籍的场所，更是一个创新的知识中心，能够以更广泛的方式满足用户的信息需求和学习欲望。

然而，伴随着这些机遇而来的是前所未有的挑战。数字化时代带来了信息爆炸和数据泛滥，如何高效地管理、筛选和传播这些信息，成为智慧图书馆亟需解决的问题。同时，隐私和安全问题也不容忽视，用户的个人信息和数据需要得到妥善的保护和管理。在这个充满竞争的环境中，智慧图书馆需要不断创新，提升用户体验，以保持其作为知识中心的地位。

本将深入研究这些关键问题。本书将探讨智慧图书馆的核心理念，揭示其如何与传统图书馆进行对比，以及如何在技术与文化的平衡中找到最佳实践。我们将剖析智慧图书馆所涉及的关键技术，包括人工智能、大数据分析、物联网技术和虚拟现实等，以及它们如何为图书馆的管理和用户体验带来创新。同时，本书将讨论智慧图书馆的持续发展策略，包括可持续性规划、战略管理和社区合作，以确保图书馆能够适应快速变化的环境。

我们衷心希望，通过本书的阅读，读者们能够更深入地了解智慧图书馆的内涵与挑战，从而为未来的图书馆建设和发展提供有益的思路和启示。不论您是图书馆从业者，还是关心图书馆事业发展的人士，本书都将为您提供有价值的见解和观点。让我们一同踏上智慧图书馆的探索之旅，共同迎接数字化时代的挑战和机遇，为知识的传承和文化的传播贡献一份力量。

目录

CONTENTS

第一章

引　言

在信息科技的飞速发展和数字化革命的推动下，图书馆正站在了一个崭新的十字路口。智慧图书馆作为信息时代的产物和回应，不仅是知识传承的载体，更是文化传播的重要节点。本书《智慧图书馆的建设与管理》将深入探讨智慧图书馆在现代社会中的意义、作用和未来发展趋势。图书馆一直以来都是知识和文化的守护者，承载着人类智慧的结晶。然而，在信息技术迅猛发展的时代，图书馆面临着新的挑战和机遇。智慧图书馆作为传统图书馆与科技融合的产物，正以其创新和前瞻的特点，引领着图书馆事业的新方向。

第一节	智慧图书馆的背景与发展趋势

信息社会的到来使得知识的获取和传播变得前所未有的便捷。数字化技术的应用，尤其是互联网和移动设备的普及，已经深刻地改变了人们的学习和生活方式。智慧图书馆应运而生，积极借助信息技术，以满足人们更高层次的需求。本节将探讨智慧图书馆背景下的信息技术浪潮，以及其所蕴含的发展趋势。

一、信息社会的兴起

当前，我们正处于信息社会的时代，信息的获取和传播已经成为生活的主要特征。互联网的普及和数字化技术的飞速发展，使得人们可以随时随地获取各种类型的信息，从而改变了人们的学习、工作和娱乐方式。

1. 信息化生活方式

信息社会的崛起已经深刻地改变了人们的生活方式，将信息作为生活的重要组成部分。这种信息化的生活方式在现代社会无处不在，由互联网的广泛普及和数字化设备的日益便捷性所推动。人们在日常生活中越来越依赖信息技术，而这种依赖已经渗透到了各个方面，从社交互动到购物消费，从教育学习到工作生产。

互联网的普及将信息传播和获取的方式彻底改变。以前的信息获取往往需要时间和物质成本，人们要通过书籍、报纸、电视等传统媒体来获取信息。然而，随着互联网的崛起，信息获取变得前所未有的便捷。通过简单的几步操作，人们可以在互联网上查找并获得各种类型的信息，从全球新闻到学术研究，从文化娱乐到专业知识。这种便捷性使得人们能够更快速地跟进社会动态，深入了解感兴趣的领域，以及更好地满足个人知识需求。

数字化设备的广泛普及进一步加速了信息化生活的发展。智能手机、平板电脑、笔记本电脑等数字化设备成为了人们生活的必备品。通过这些设备，人们可以随时随地连接互联网，浏览新闻、社交互动、在线购物等等。数字化设备不仅提供了信息获取的途径，还扩展了信息的形式。图像、音频、视频等多媒体形式的信息在数字化设备的支持下得以广泛传播，为人们呈现更加丰富和立体的信息内容。社交媒体的兴起使得人们的社交互动变得更加便捷和多样化。人们可以通过社交媒体平台与朋友、家人保持联系，分享生活的点滴。无论身在何处，人们都可以通过文字、图片、视频等方式与他人进行互动，扩大社交圈子，建立人际关系。

社交媒体的存在不仅改变了人们与人之间的交往方式，也使得信息的传播更加快速和广泛。在线购物已经成为了人们生活的一部分，也是信息化生活方式的重要表现之一。互联网技术使得人们可以足不出户，通过在线购物平台购买各种商品和服务。无论是食品、衣物、家居用品还是电子设备，人们都可以通过互联网完成购物，快速获取所需物品。这种趋势不仅带来了便利，还推动了线上消费、电子商务等新兴产业的蓬勃发展。教育和学习方式也在信息化生活的影响下发生了深刻变革。在线学习平台的兴起使得人们可以通过互联网获取各类知识和技能。无论是自学编程、外语学习还是参与课程培训，人们都可以根据自己的兴趣和需求选择适合的在线课程。这种个性化的学习方式使得教育不再受制于时间和地点，促进了终身学习的理念的传播。工作方式也在信息化的浪潮下发生了巨大的改变。远程办公的兴起使得工作不再局限于传统的办公室。通过数字化技术，人们可以在家中或其他地点完成工作任务，实现更加灵活的工作方式。这不仅提高了工作的效率，也促进了工作和生活的平衡。

信息社会的兴起使得信息化生活方式已经深刻地融入人们的生活。互联网的无处不在，数字化设备的普及，社交媒体的兴起，在线购物的便捷，以及教育和工作方式的变革，都构成了信息化生活方式的重要组

2. 信息获取的便捷性

互联网的普及使得信息获取变得前所未有的便捷。通过搜索引擎、社交平台、在线数据库等，人们可以轻松地获得各种类型的信息，无论是新闻、学术研究还是娱乐内容。这种便捷性不仅深刻改变了人们对信息的获取方式，还在很大程度上提高了人们对知识的获取效率，从而推动了知识传播和学习的新模式。

搜索引擎作为信息获取的主要工具之一，为人们提供了丰富的信息资源。通过输入关键词，人们可以迅速找到与自己需求相关的信息。搜索引擎的智能化和个性化推荐技术，使得搜索结果更加准确和个性化。无论是寻找旅游攻略、学习资料还是解决实际问题，人们都能够迅速从海量信息中获取所需内容。社交平台也成为了信息获取的重要渠道。人们可以通过社交平台获取来自朋友、关注对象或专业领域的信息更新。这种信息的获取不再需要特意搜索，而是通过订阅、关注等方式持续地接收。社交平台的信息传播速度快，能够更迅速地将新闻、事件等推送到用户面前，使人们更及时地了解最新动态。在线数据库的建设为学术研究和专业知识的获取提供了强有力的支持。大量的学术期刊、专业书籍、研究报告等都可以通过在线数据库获取。研究人员和学生不再需要亲自前往图书馆，只需在电脑前就可以获得所需的文献和资料。这不仅节省了时间，还拓展了研究范围，促进了学术交流和创新。互联网的信息获取不再受时间和空间的限制，使人们能够随时随地获取信息。无论是在公共交通工具上、家中、办公室还是咖啡厅，人们都可以通过移动设备连接互联网，获取所需信息。这种随时随地的信息获取方式使得碎片时间变得有价值，人们可以在短暂的时间内获取有益的知识。

互联网为人们提供了前所未有的信息获取途径，从搜索引擎到社交平台再到在线数据库，都使得获取各种类型的信息变得异常便捷。这种便捷性不仅深刻地改变了人们对信息的获取

方式，还在很大程度上提高了人们对知识的获取效率。这种变革推动了知识传播和学习的新模式，为个人和社会的发展带来了积极的影响。

3. 数字化技术的影响

数字化技术的迅速发展正深刻地影响着人们的信息传播和知识获取方式。从文字到图片、音频、视频，多种形式的信息媒体让人们能够更全面地获取知识，实现了信息的多样化传播。这一切源自数字化技术的飞速进步，将信息传播和处理提升到了前所未有的高效水平。

数字化技术的核心在于将信息转化为数字形式，使其能够在计算机系统中进行处理、存储和传输。文字、图像、音频、视频等多媒体形式都可以通过数字化技术被转化为数字编码。这种数字化的特点使得信息可以跨越时间和空间的限制，以更快、更广泛的方式传播。从社交媒体上的短文到在线课程的视频讲座，数字化技术赋予了信息以更加生动和直观的呈现方式。

多媒体形式的信息传播深刻地改变了人们获取知识的方式。文字、图像、音频、视频的结合不仅使得信息更加丰富和全面，还能够满足人们多样化的学习习惯和需求。例如，在线教育平台上的教学视频可以让学生通过视听方式更好地理解知识内容，而科普类的图文文章则能够将抽象的概念转化为更具体的形象。大数据和人工智能等新兴技术进一步提升了信息的处理和分析能力。大数据技术可以对海量的信息进行有效的筛选和分析，从中挖掘出有价值的信息。通过大数据分析，人们可以更好地了解用户的需求和偏好，为用户提供更加精准的信息服务。人工智能则可以通过自动化处理，为信息分类、推荐等环节提供智能化支持，提升了信息处理的效率和准确性。数字化技术也在不断地催生新的信息传播模式。社交媒体、视频直播、虚拟现实等技术为人们提供了更加沉浸式的信息体验。人们可以通过社交媒体与他人分享自己的观点和见解，通过视频直播感受远程事件的现场，通过虚拟现实体验身临其境的场景。这些技术将信息传播推向了更加多元和立体的方向。

数字化技术的影响深远地改变了人们的信息传播和知识获取方式。多媒体形式的信息呈现、大数据和人工智能的应用，以及新兴技术的催生，都使得信息的处理和传播更加高效和多样化。这一趋势为人们带来了更丰富的知识体验，推动了信息社会的进一步发展。

4. 学习和工作的变革

信息社会的崛起引发了学习和工作方式的深刻变革，使得人们能够更加灵活地应对教育和职业发展的挑战。在线学习平台的兴起让教育变得更加开放和自主，而远程办公的兴起则赋予了工作更大的自由度和效率。这些变革在塑造着个人的学习和职业生涯，同时也为社会的进步注入了新的动力。

在线学习平台成为了现代教育的重要一环，改变了传统教育的格局。人们不再需要局限于传统的教室环境，可以通过互联网在自己的舒适环境中进行学习。在线课程涵盖了各个领域，从文学艺术到科学技术，从初级知识到高级专业，满足了不同需求的学习者。学习者可以根据自己的兴趣和时间来选择课程，灵活地安排学习进程。这种开放性的学习方式使得教育不再受限于时间和地点，促进了终身学习的理念的传播。远程办公的兴起改变了工作的传统模式，为职场注入了更大的灵活性和效率。数字化技术的发展使得许多职位可以在不同的地点进行工作，远程办公成为了现实。人们可以在家中、咖啡厅、公共图书馆等地方完成工作任务，不再局限于办公室。这种灵活的工作方式使得人们能够更好地平衡工作和生活，减少通勤时间和压力。同时，远程办公也为雇主提供了更大的人才招聘范围，能够雇佣来自全球各地的优秀人才。信息化生活方式的变革对于个人的学习和职业发展带来了积极的影响。在线学习使得个人能够根据自己的兴趣和需求进行自主学习，不再受制于传统的教育体系。这种学习方式鼓励了创新思维和自我驱动，使得个人能够更好地适应快速变化的社会环境。远程办公则让人们能够更自由地管理自己的工作时间和地点，提高了工作的灵活性和效率。这种工作方式不仅有利于个人的工作动力和创造力，还促进了职业和家庭的平衡。

信息社会的到来改变了学习和工作的方式，在线学习平台和远程办公的兴起为个人的学习和职业发展提供了更多的选择和机会。这种变革不仅影响了个人的生活方式，也对整个社会产生了深远的影响，为社会的进步和发展创造了更加有利的条件。

二、数字化技术的崛起

互联网、移动设备、人工智能等数字化技术的崛起，为图书馆带来了前所未有的机遇。数字化技术不仅改变了图书馆的传统运作方式，还使得信息资源的获取、存储和分享变得更加高效便捷。

1. 数字化资源的丰富化和便捷获取

互联网的崛起为数字化资源的丰富化和便捷获取提供了广阔的舞台。在信息社会的背景下，数字化技术不仅改变了文献资源的形态，还彻底颠覆了图书馆的传统运作模式，为读者带来了前所未有的知识获取体验。电子书籍、期刊、学术论文、音频、视频等多种形式的数字化文献资源成为了图书馆的新宝藏，通过数字化处理和在线访问方式，让知识变得更加无处不在、随时可得。

数字化资源的丰富化是互联网时代的重要标志之一。过去，图书馆以纸质书籍为主要收藏，但随着互联网的普及，数字化资源如雨后春笋般涌现。电子书籍不仅提供了纸质书籍的电子版本，还能够通过网络购买和下载，使读者能够随时在电子设备上阅读。期刊和学术论文的数字化使得研究者能够更便捷地获取和传播学术成果，加速了学术研究的进程。音频和视频资源的数字化让人们能够更生动地学习和体验，如在线课程、学术讲座、音乐、电影等。这些多样化的数字化资源不仅满足了不同类型读者的需求，也促进了知识的广泛传播。

图书馆通过数字化技术对这些资源进行处理和管理，极大地提升了用户的访问便捷性。在线目录、数据库和数字图书馆的建立使得读者无须亲自前往实体图书馆，就能够方便地搜索、浏览和借阅所需的资源。数字化资源的标引和分类使得用户可以更快速地找到所需内容，无须翻阅大量纸质书籍。同时，数字化技术也赋予了读者更大的自主权，可以根据自己的兴趣和需求进行自主选择和定制化的学习路径。

　　数字化资源的便捷获取不仅满足了用户的信息需求，也为图书馆的服务能力和影响力带来了新的提升。通过数字化资源，图书馆的影响范围不再局限于地理位置，而是覆盖了全球范围。读者无论身在何处，只要有网络连接，就能够访问到图书馆提供的丰富资源。这种数字化的全球性服务不仅丰富了读者的知识体验，还加强了图书馆在知识传播领域的地位和影响力。

　　互联网的兴起为数字化资源的丰富化和便捷获取创造了条件。图书馆通过数字化技术的应用，将丰富多样的文献资源进行数字化处理和在线访问，使用户能够随时随地获取所需信息。数字化资源的多样性和便捷性不仅满足了读者的知识需求，也为图书馆的服务能力和影响力带来了新的提升。数字化时代的图书馆不仅是知识的宝库，更是知识获取和分享的智慧平台。

2. 个性化服务的提供

　　数字化技术的崛起为图书馆提供了开展个性化服务的广阔舞台，使得传统的阅读体验得以升级和定制。通过分析读者的阅读习惯、兴趣和需求，图书馆能够为每位读者量身定制个性化的阅读推荐，从而满足读者的多样化需求，提升阅读的吸引力和效果。

　　个性化推荐是数字化技术在图书馆领域的一项重要应用。通过分析读者的借阅历史、搜索记录、阅读偏好等信息，图书馆可以建立起读者的个性化画像，了解其阅读兴趣和偏好。基于这些信息，图书馆可以利用算法和人工智能技术，为每位读者推荐适合其兴趣的阅读材料，包括图书、期刊、文章等。这种个性化推荐不仅提高了读者的满意度，还有助于拓展读者的阅读领域，让他们更多地接触到新的知识和内容。

　　个性化推荐不仅使得阅读更具吸引力，也促进了阅读的持续性和深度。通过将感兴趣的内容推荐给读者，可以激发他们的阅读兴趣，让阅读变得更加有趣和愉悦。读者能够更轻松地找到符合自己兴趣的内容，从而更愿意花费时间和精力来进行阅读。这种个性化的关注和关怀使得读者更容易形成阅读的习惯，提高阅读的频率和深度。个性化服务的提供也有助于图书馆与读者之间建立更紧密的联系。通过与读者进行互动和沟通，图书馆可以更好地了解他们的需求和反馈。读者的反馈和评价可以为图书馆提供宝贵的参考，优化个性化推荐的效果和准确度。这种互动和反馈也能够增强读者对图书馆的归属感和满意度，促进图书馆的社会影响力和地位的提升。个性化推荐也面临一些挑战和考虑。首先，隐私保护是个性化推荐面临的重要问题。图书馆需要确保读者的个人信息得到保护，防止信息泄露和滥用。其次，算法的准确性和公平性也是需要关注的问题。个性化推荐的算法需要不断优化，以提高推荐的准确度和可靠性，同时避免出现偏见和歧视。

　　数字化技术为图书馆提供了实现个性化服务的机会。通过分析读者的兴趣和需求，图书馆可以为每位读者定制个性化的阅读推荐，提升阅读的吸引力和效果，促进阅读的持续性和深度。个性化服务不仅使得阅读变得更加有趣和愉悦，还加强了图书馆与读者之间的联系和互动。然而，实施个性化推荐也需要兼顾隐私保护和算法的公平性，以确保服务的可靠性和可持续性。

3. 数字化管理和存储

数字化技术的兴起为图书馆的信息资源管理和存储带来了前所未有的革命性变化。传统的纸质文献管理和存储方式面临着空间占用大、管理复杂等问题，而数字化管理和存储的优势在于高效利用空间、提升管理效率，并为用户提供更便捷的访问方式。

数字化管理和存储为图书馆带来了空间的解放和成本的降低。纸质文献需要大量的物理空间来存放，而数字化文献可以通过服务器、云存储等方式进行管理。这使得图书馆不再需要大量的书架和存储空间，节省了宝贵的场地资源。同时，数字化存储也降低了存储纸质文献所需的成本，包括购买、维护、保护等方面的开支，为图书馆提供了更为经济高效的管理方式。

数字化技术使得图书馆的文献资源变得更易于管理和维护。传统的纸质文献管理需要大量的人力投入，包括分类、编目、检索等环节，而数字化文献的管理可以通过数据库和信息系统进行自动化处理，大大减轻了工作负担。通过数字化技术，图书馆可以更精确地进行文献分类和编目，使得用户可以更快速、准确地找到所需的信息资源。此外，数字化存储还能够实现多种元数据的关联和检索，为用户提供更丰富的检索方式，进一步提高了文献资源的利用效率。

数字化技术带来的全文搜索和快速检索功能极大地提升了文献资源的利用效率。传统的纸质文献检索需要耗费大量的时间和精力，而数字化文献可以通过全文搜索引擎快速进行关键词检索，让用户在短时间内找到所需的信息。这种快速检索功能不仅提高了用户的满意度，还能够鼓励用户更多地利用图书馆的资源。同时，数字化存储还能够实现文献的跨文本关联，使得用户可以从多个角度进行文献资源的探索和利用。数字化管理和存储也面临一些挑战和问题。首先，数字化存储需要保障信息的安全和隐私，防止信息被非法获取和滥用。其次，数字化技术的发展速度快，图书馆需要不断更新技术，确保存储系统的稳定性和可持续性。此外，数字化文献的长期保存和保护也需要图书馆制定相应的策略和措施，防止文献资源因技术问题而丢失或损坏。

数字化技术为图书馆带来了高效的信息资源管理和存储方式。通过数字化存储，图书馆能够更好地利用空间、降低成本，提升文献资源的管理效率和利用效率。全文搜索和快速检索功能也让用户能够更便捷地获取所需信息。然而，数字化管理和存储也需要解决信息安全、技术更新和长期保存等问题，以确保数字化资源的可靠性和可持续性。数字化时代的图书馆正通过这些技术的应用，为用户提供更优质、高效的服务体验。

4. 信息共享和合作

数字化技术的普及和发展使得图书馆之间的信息共享与合作变得更加便捷和高效。这种共享与合作不仅涵盖了图书馆之间的资源共享，还包括了读者之间的交流与互动，共同推动了信息社会中图书馆的发展与创新。

一方面，数字化技术为图书馆之间的资源共享提供了强有力的支持。通过建立联合数字图书馆、共享数字资源平台，不同图书馆可以将各自的数字化资源整合在一起，形成更大范围的资源网络。这种资源的共享不仅能够丰富各图书馆的藏书，还能够提供更多元化的内容给用户。用户可以从不同图书馆的数字化资源中找到所需的信息，无须到处奔波，极大地提高了信息获取的效率和便捷性。

此外，数字化技术还为用户之间的交流和合作创造了更多的机会。通过社交媒体、在线讨论平台等方式，读者可以分享自己的阅读体验、观点和感悟。这种交流和分享不仅促进了读者之间的互动，还能够让不同的观点碰撞出更丰富的思想火花。读者可以在这些平台上讨论自己感兴趣的话题，分享自己的阅读心得，获得他人的建议和反馈。这种开放式的交流与合作使得阅读变得更具社交性和参与性，激发了读者更深入的思考和探索。

同时，数字化技术还为图书馆之间的合作提供了更多的可能性。图书馆可以通过数字化平台共同举办线上活动、讲座、研讨会等，不受地域限制，更广泛地服务读者。合作可以涵盖资源共享、技术交流、人才培训等多个领域，实现资源优势的互补和共同发展。数字化时代的图书馆不再是孤立的存在，而是在合作共赢的基础上不断提升服务质量和水平。数字化信息共享与合作也面临一些挑战。首先，信息共享需要解决版权、许可等法律法规问题，确保共享的合法性和合规性。其次，数字化平台的建设和维护需要大量的技术投入和人力资源，图书馆需要充分利用好技术手段，保障平台的安全性和稳定性。此外，用户之间的信息交流和合作也需要建立良好的文化氛围，避免出现恶意攻击、不当言论等问题。

数字化技术推动了图书馆之间和用户之间的信息共享与合作。通过数字化平台，图书馆可以实现资源的共享和合作，为用户提供更丰富的内容和服务。同时，用户之间的交流和合作也得到了更多的机会，促进了阅读社区的形成和发展。然而，实现有效的共享与合作还需要解决法律、技术、文化等多方面的问题，以确保共享与合作的可持续性和良好运行。数字化时代的图书馆正积极应对这些挑战，以更好地满足用户的需求，推动图书馆事业的创新发展。

三、智慧图书馆的兴起

面对数字化时代的挑战，智慧图书馆应运而生。智慧图书馆利用信息技术，将传统图书馆与先进技术相结合，实现了资源的数字化、个性化和智能化，从而更好地满足用户的多样化需求。

1. 数字化资源的整合与智能化利用

智慧图书馆作为数字化时代图书馆的重要变革之一，充分利用数字化技术，将多元的信息资源进行整合与智能化处理，以提供更便捷、个性化的服务，满足用户多样化的阅读和学习需求。其中，数字化技术的应用和智能化的信息管理系统的构建成为智慧图书馆的关键特点，使其在资源整合、信息检索和用户体验方面取得了显著的进展。

智慧图书馆的核心优势之一在于数字化资源的整合与智能化利用。在数字化时代，电子书籍、期刊、学术论文、音视频等多种形式的信息资源大量涌现。智慧图书馆通过数字化技术，将这些资源进行整合并进行分类、标注，构建了一个庞大的数字化馆藏。用户可以通过智能终端访问这些资源，以更快的速度找到所需内容。通过智能搜索引擎，用户只需输入关键词，便能在海量资源中迅速找到相关信息。这种数字化资源的整合和智能化利用，大大提高了用户获取信息资源的效率。

智慧图书馆不仅仅是资源的仓库，更是信息的精细管理者。智能化的信息管理系统为用户提供了便捷的检索途径。用户可以按照关键词、主题、作者等多种方式进行检索，快速找到自己所需的内容。同时，智慧图书馆还可以根据用户的检索历史、借阅记录等信息，为用户推荐相关资源，实现个性化的服务。这种智能化的推荐系统利用人工智能和数据分析技术，深入了解用户的阅读兴趣和偏好，从而精准地为用户推荐适合的阅读材料，提升了用户的阅读体验。

用户体验的提升是智慧图书馆追求的目标之一。通过个性化的推荐服务，智慧图书馆不仅能够满足用户的信息需求，还能够引导用户探索更广泛的知识领域，拓展阅读视野。用户可以在个性化推荐的引导下，更轻松地发现新的兴趣点，深入学习不同领域的知识。这种精准的推荐服务不仅提升了用户的阅读体验，还促进了用户的终身学习和知识积累。智慧图书馆通过数字化技术的支持，将多种类型的信息资源进行整合与智能化利用，为用户提供了更高效、便捷、个性化的服务。智能化的信息管理系统和个性化推荐服务，使用户能够更轻松地获取所需信息，拓展阅读兴趣，提升阅读体验。随着技术的不断发展，智慧图书馆将持续创新，不断提升服务质量，为用户创造更优秀的阅读和学习环境。

2. 智能化服务与互动体验

智慧图书馆的崛起带来了智能化服务与互动体验的革命性变化，通过融合智能终端、虚拟助手等技术，为用户提供更加便捷和个性化的服务。这一趋势不仅极大地改善了用户体验，还为图书馆的运营和管理带来了新的机遇与挑战。

智慧图书馆通过智能终端的布置，为用户创造了全新的借阅体验。自助借还设备的应用使用户能够在图书馆开放时间之外进行借还操作，无须排队等候，极大地提高了借阅效率。用户只需刷卡、扫码等简单操作，即可完成借还流程，省去了繁琐的手续。这种智能终端的应用不仅使用户享受到更加便利的服务，同时也减轻了图书馆工作人员的压力，实现了人力资源的优化配置。

虚拟助手在智慧图书馆中的应用也为用户提供了全新的互动体验。用户可以通过移动应用或网页界面与虚拟助手进行实时互动，进行查询、咨询等操作。虚拟助手能够为用户提供实时的图书馆信息、馆藏查询、借阅预约等服务，有效地解决用户的问题和需求。而且，虚拟助手还能够根据用户的提问和行为进行学习和优化，提供更加智能化和个性化的回应，使用户感受到更贴心的服务。智慧图书馆通过移动应用等方式，将图书馆资源和服务引入用户的移动设备中。用户可以随时随地查询馆藏信息、预约借阅、参与活动等。这种移动化的服务模式不仅增加了用户的参与度，还为用户提供了更加自主和灵活的选择。用户不再受限于图书馆的开放时间和地点，能够更加便捷地获取所需信息和服务。智能化服务的引入不仅带来了用户体验的提升，也为图书馆的运营和管理带来了新的机遇。通过智能化终端和虚拟助手的应用，图书馆能够更好地了解用户的需求和偏好，进而调整资源的配置和服务的优化。同时，智能化的服务模式也为图书馆提供了更高效的运营方式，减少了人力资源的浪费，提升了工作效率。

智慧图书馆通过智能终端、虚拟助手等技术，为用户创造了更便捷、个性化的服务，提升了用户的满意度和参与度。这种智能化的服务模式不仅改善了用户的体验，还为图书馆的运营和管理带来了新的发展机遇。随着技术的不断创新，智慧图书馆的服务模式还将不断演化，为用户提供更加丰富、智能化的阅读和学习体验。

3. 学习与教育的智能化支持

智慧图书馆作为学习与教育的智能化支持者，为学生和教育者提供了丰富的教育资源和工具，以促进远程教学和自主学习的发展。通过在线学习平台和教育资源库的建设，智慧图书馆在教育领域的作用不再局限于传统的阅读与借阅，而是成为了一个全面的学习支持平台。

在数字化时代，智慧图书馆通过在线学习平台为学生提供了更为灵活和多样的学习机会。学生可以在不受时间和空间限制的情况下，选择适合自己的学习课程，进行自主学习。在线学习平台汇集了各种类型的教育资源，包括课件、视频、练习题等，使学生能够更全面地学习和掌握知识。这种在线学习的模式不仅丰富了学生的学习内容，还培养了他们的自主学习能力和信息获取能力。

教育资源库则为教育者提供了丰富的教学资源和工具。教育者可以在资源库中找到适合自己教学内容的教材、案例、教学设计等，从而丰富了课堂教学的方式和内容。这种资源的共享和互动，为教育者提供了更多的教学选择，促进了教育教学的创新。

智慧图书馆还通过智能化的学习分析系统，为学生和教育者提供个性化的支持和指导。这一系统能够分析学生的学习行为和表现，了解他们的学习进度和难点。基于这些数据，系统可以为学生提供针对性的学习建议，帮助他们更好地掌握知识。对于教育者而言，学习分析系统可以帮助他们更好地了解学生的学习状况，调整教学策略，提供更有针对性的教学内容和活动，从而提高教学效果。

智慧图书馆作为学习与教育的智能化支持者，通过在线学习平台、教育资源库和智能化学习分析系统，为学生和教育者提供了丰富的资源和工具，促进了学习和教育的创新与发展。这种智能化的支持模式不仅提高了学生的学习效果，还促进了教育者的专业发展，为教育事业的进步贡献了力量。随着技术的不断进步，智慧图书馆在学习与教育领域的作用将会不断扩大，为更多人提供优质的学习机会和教育支持。

4. 多元化的文化活动与社区互动

智慧图书馆不仅仅是信息资源的提供者和学习支持者，更是一个多元化的文化交流和社区互动平台。通过线上线下结合的方式，智慧图书馆举办各类文化活动、讲座、展览等，为读者创造了一个丰富多彩的文化氛围，促进了读者之间的交流与合作。

在智慧图书馆中，各种形式的文化活动丰富了读者的阅读体验。图书馆举办各类讲座、演讲、工作坊等活动，涵盖了文学、艺术、科学等多个领域，满足了不同读者的兴趣和需求。这些活动不仅为读者提供了与专家学者互动的机会，还促进了读者之间的知识分享和交流。此外，图书馆还举办各种主题的展览，将文化、艺术、历史等元素融入其中，为读者呈现了一个丰富多彩的文化世界。

智慧图书馆通过社交媒体和在线讨论平台，打造了一个活跃的阅读社区。读者可以在社交媒体上关注图书馆的账号，获取最新的活动信息、图书推荐等。在线讨论平台则为读者提供了一个交流观点、分享阅读体验的平台。读者可以在平台上发表评论、写书评，与其他读者进行互动，形成了一个充满活力的读书社区。这种社区的互动不仅丰富了读者的阅读体验，还为读者提供了与志同道合者交流的机会，增强了阅读的乐趣和深度。

通过多元化的文化活动和社区互动，智慧图书馆为读者创造了一个充满活力的学习和交流平台。这种平台不仅满足了读者对文化交流的需求，还为社区成员提供了一个共同学习和交流的空间。通过参与各种活动和互动，读者能够拓展自己的视野，增加对不同领域的了解，提升自身的文化素养和综合素质。

智慧图书馆不仅为读者提供了丰富的信息资源和学习支持，还成为了一个多元化的文化交流和社区互动的平台。通过举办各类文化活动、展览、讲座以及社交媒体、在线讨论平台的应用，智慧图书馆为读者创造了一个充满活力和创意的学习和交流空间，促进了文化传承与创新，丰富了读者的阅读体验和生活质量。这种多元化的服务模式不仅强化了智慧图书馆的社会地位，还为读者提供了更加丰富和多样的学习和社交机会。

四、提升用户体验与服务

智慧图书馆注重用户体验和服务创新。通过智能搜索、个性化推荐、虚拟现实等技术，智慧图书馆可以为用户提供更精准、个性化的服务，使用户能够更便捷地获取所需信息。

1. 智能搜索技术为用户提供了更精准和高效的信息检索方式

智能搜索技术在智慧图书馆中扮演着关键角色，为用户提供了更精准和高效的信息检索方式。与传统的图书馆检索方法相比，智能搜索技术的引入使得用户能够更便捷地获取所需信息，同时也为图书馆提供了更先进的服务。

传统的图书馆检索往往需要用户输入关键词，然后根据关键词匹配索引进行搜索。然而，由于用户的查询习惯和表达方式多种多样，关键词的选择可能会影响到搜索结果的准确性。

这也意味着用户可能需要多次尝试不同的关键词，才能找到满意的结果。而智能搜索技术的引入打破了这种限制，它能够理解用户的搜索意图，无论用户使用何种方式输入查询，系统都能够根据语义和上下文进行理解，从而提供更精准的搜索结果。

智能搜索技术的背后依赖于自然语言处理和数据挖掘等领域的先进技术。通过自然语言处理，系统可以理解用户的语言表达，甚至能够识别一些复杂的搜索意图，如问题求解、主题探讨等。同时，系统也能够通过数据挖掘技术，分析用户的历史搜索记录、阅读偏好等信息，从而更好地为用户提供个性化的搜索结果。这种技术的应用使得用户无须关注具体的关键词选择，而是可以更专注于表达自己的需求，系统则能够根据上下文和语义关系，提供最匹配的搜索结果。

另一个智能搜索技术的优势在于其高效性。传统的图书馆检索可能需要用户浏览多个索引、目录，逐一查找相关资源。而智能搜索技术能够在海量的信息资源中迅速筛选出最相关的内容，节省了用户的时间和精力。用户可以通过简单的输入，获得更准确、更多样的搜索结果，从而满足不同层次和类型的信息需求。

智能搜索技术为智慧图书馆带来了显著的优势。它不仅能够根据用户的查询习惯和兴趣提供更精准的搜索结果，还能够通过自然语言处理和数据挖掘技术，理解用户的搜索意图，从而提高搜索结果的准确性和适配性。智能搜索技术的引入不仅提升了用户的搜索效率和满意度，也为智慧图书馆的服务质量和竞争力提供了有力支持，使得用户在获取信息时能够更加便捷、高效地获得所需内容。

2. 个性化推荐技术使得用户能够享受到量身定制的阅读和学习体验

个性化推荐技术在智慧图书馆中扮演着重要角色，为用户提供了量身定制的阅读和学习体验。通过分析用户的阅读历史、兴趣和偏好，智慧图书馆能够为每位用户推荐适合其的图书、文章、视频等内容，从而提升用户的满意度和参与度。

传统的图书馆服务往往以一种广泛的覆盖范围提供信息，但对于用户而言，这可能意味着需要在庞大的资源库中寻找适合自己的内容。然而，每个人的兴趣和需求各不相同，这就使得用户需要花费大量时间和精力去筛选和选择。而个性化推荐技术的引入解决了这个问题，它利用先进的数据分析和机器学习算法，从用户的阅读历史、点击行为、评分记录等多个维度收集信息，以此为基础为用户提供个性化的推荐内容。

个性化推荐技术的核心在于理解用户的阅读偏好和兴趣。通过分析用户的阅读历史，系统能够掌握用户感兴趣的领域、主题和类型。此外，用户的点击行为和评分记录也能够为系统提供关键信息，帮助系统了解用户的偏好。基于这些信息，智慧图书馆可以为每位用户量身定制推荐，将最相关、最有价值的内容呈现给用户，提高用户找到感兴趣信息的准确率和效率。个性化推荐技术不仅让用户更容易找到感兴趣的信息，还有助于开拓用户的阅读领域。通过推荐用户可能感兴趣但之前未曾接触过的内容，系统能够引导用户探索新的知识和兴趣点，丰富用户的阅读体验。这种推荐不仅仅是满足当前需求，更是为用户提供了持续的知识拓展和学习机会。

个性化推荐技术在智慧图书馆中为用户创造了更加定制化的阅读和学习体验。通过深入分析用户的阅读行为和偏好，系统能够为每位用户提供最适合他们的内容，从而提升用户的满意度、参与度和阅读效果。这种个性化推荐不仅满足用户的当前需求，还为用户拓展了阅读领域，让阅读成为更加丰富、有趣的体验。

3. 虚拟现实技术为用户创造了更丰富的阅读和学习体验

虚拟现实技术在智慧图书馆中发挥着重要作用，为用户创造了更丰富、生动的阅读和学习体验。通过虚拟现实技术，智慧图书馆可以打破传统的时间和空间限制，为用户创造出虚拟的阅览室、展览空间等，使他们能够身临其境地参与各种阅读和学习活动。

传统的图书馆往往是实体的，用户需要亲自前往才能借阅图书、参观展览等。然而，随着虚拟现实技术的发展，智慧图书馆可以将这些体验搬到虚拟环境中。用户可以穿上虚拟现实头盔，进入一个全新的虚拟世界，仿佛置身于一个真实的阅览室或展览空间中。在这个虚拟环境中，用户可以随意浏览书籍、参观展品，与其他用户进行互动和交流，创造出一种全新的、身临其境的阅读和学习体验。

虚拟现实技术为用户提供了更加生动和互动的阅读和学习方式。在虚拟环境中，用户可以与虚拟的图书管理员互动，获取书籍推荐和阅读建议。他们还可以与其他用户进行交流和讨论，分享阅读体验和观点，创造出一个充满活力和创意的学习社区。这种互动性不仅增强了用户的参与感，还促进了知识的交流和共享。

虚拟现实技术还为阅读和学习活动增添了更多的趣味性和多样性。智慧图书馆可以利用虚拟现实技术创建各种主题的虚拟展览，用户可以在虚拟环境中参观名胜古迹、探索科学世界，甚至可以参与虚拟的文学作品中。这种丰富的体验不仅让阅读和学习变得更加生动，还能够激发用户的好奇心和创造力。

虚拟现实技术在智慧图书馆中为用户创造了更丰富、生动的阅读和学习体验。通过打破传统的时间和空间限制，虚拟现实技术使用户能够身临其境地参与各种阅读和学习活动，在虚拟环境中与书籍、展品和其他用户互动交流。这种全新的体验不仅增强了用户的参与感和互动性，还为阅读和学习活动增添了更多的趣味性和创意性。

4. 智慧图书馆还通过移动应用、在线客服等方式提供更便捷和实时的服务

智慧图书馆在提升用户体验和服务方面，充分利用了移动应用和在线客服等技术手段，为用户提供更便捷和实时的服务。这些创新的方式不仅使用户能够更轻松地享受阅读和学习，也使图书馆的服务更加贴近用户的需求和习惯。

移动应用成为智慧图书馆的重要窗口，为用户提供了随时随地获取信息和进行借阅的途径。通过移动应用，用户可以轻松地查询图书馆的馆藏信息，了解图书的借阅情况和归还日期。更重要的是，用户可以通过移动应用在线借阅图书，无须亲自前往图书馆，实现了无缝连接的阅读体验。此外，移动应用还提供了个人阅读历史和推荐等功能，根据用户的兴趣和

偏好为其推荐适合的阅读材料，进一步提升了阅读的便捷性和个性化。在线客服系统是智慧图书馆另一个重要的服务创新。通过在线客服，用户可以随时向图书馆咨询问题、寻求帮助，而不再受限于图书馆的开放时间。无论是关于图书馆的服务流程、图书的归还时间还是阅读建议，用户都可以通过在线客服得到即时的回复和指导。这种实时的交流方式不仅提高了用户的满意度，还能够解决用户在使用过程中遇到的问题，使他们能够更好地利用图书馆的资源和服务。

智慧图书馆通过移动应用和在线客服等方式，将服务延伸到用户的手中，使用户可以在任何时间、任何地点都能够获得所需的信息和帮助。这种便捷和实时的服务模式不仅符合现代人们快节奏的生活方式，也更好地满足了用户的个性化需求。通过这些创新的技术手段，智慧图书馆不仅提升了用户体验，还增强了图书馆作为知识传播和文化交流中心的功能。

五、未来发展趋势

在未来，智慧图书馆将继续与新兴技术紧密结合，持续创新服务模式。人工智能、大数据分析、物联网等技术将继续推动智慧图书馆的发展，使其成为知识传播、文化创新和社会互动的重要平台。

1. 人工智能的深入应用

在未来发展趋势中，人工智能将成为智慧图书馆的重要驱动力和核心支持技术。智能化的推荐系统将在图书馆中发挥更加精准和个性化的作用。通过分析用户的阅读历史、搜索记录和兴趣偏好，人工智能可以深入了解每位用户的阅读需求，从而为其推荐更符合其兴趣的阅读材料。这将极大地提高用户的满意度，使用户能够更轻松地找到感兴趣的内容，促进阅读的深度和持续性。

除了个性化推荐，人工智能还可以辅助图书馆管理员进行数据分析和资源管理。通过对大量数据的分析，人工智能可以预测用户的需求和阅读趋势，从而优化图书馆的资源采购和展示策略。这不仅有助于更好地满足用户的阅读需求，还可以提高资源的利用效率，降低资源浪费。

另一个重要的方向是虚拟助手的智能化发展。未来的智慧图书馆将开发更为智能和自然的虚拟助手，使其能够更加准确地理解用户的查询和需求，并能够以自然的语言与用户进行互动。这将使用户能够更轻松地获取所需信息，解决问题，提升用户体验。

人工智能还可以在智慧图书馆的运营和管理中发挥作用。通过分析用户行为和反馈，人工智能可以帮助图书馆更好地了解用户需求，优化服务流程，提高运营效率。此外，人工智能还可以应用于图书馆的安全管理，通过监测人流和异常行为，确保图书馆的安全和秩序。

人工智能的深入应用将使智慧图书馆更加智能化、个性化和高效化。通过智能化的推荐、数据分析、虚拟助手等技术，智慧图书馆将能够更好地满足用户的需求，提升用户体验，为用户提供更丰富多样的阅读和学习体验。在未来的智慧图书馆中，人工智能将扮演着不可或缺的角色，推动图书馆的创新和发展。

2. 大数据分析的应用

在智慧图书馆的未来发展中，大数据分析将扮演着至关重要的角色。随着信息技术的不断进步和智慧图书馆的兴起，海量的用户数据被积累和记录，这为大数据分析提供了丰富的资源。通过对这些数据的深入分析，智慧图书馆可以更好地理解用户行为和需求，从而提供更为精准和个性化的服务。

大数据分析可以从多个维度揭示用户的兴趣和偏好。通过分析用户的阅读历史、借阅记录、搜索习惯等，图书馆可以了解用户的阅读偏好，预测其可能感兴趣的领域和主题。基于这些数据，智慧图书馆可以为每位用户定制个性化的推荐，使其能够更轻松地找到适合自己的阅读材料，提升阅读体验。

除了个性化推荐，大数据分析还可以揭示用户的阅读趋势和热点领域。通过分析大数据，智慧图书馆可以了解用户的阅读习惯，发现用户感兴趣的话题和领域，从而更好地规划文化活动和资源采购。例如，如果某一领域的书籍和文章受到用户的高度关注，图书馆可以加大在该领域的采购力度，满足用户的需求。

大数据分析还可以帮助图书馆进行用户画像和群体分析。通过对用户数据的整合和分析，图书馆可以了解不同用户群体的特点和需求，从而更好地制定服务策略。例如，针对不同年龄段、职业、兴趣等不同特征的用户，图书馆可以提供相应的服务和推荐，满足不同群体的需求。

大数据分析的应用将使智慧图书馆能够更好地了解用户，提供更为精准和个性化的服务。通过分析用户的阅读历史、借阅记录、搜索习惯等多维度的数据，图书馆可以预测用户的兴趣，揭示阅读趋势，规划文化活动，提升用户体验。在智慧图书馆的未来发展中，大数据分析将成为一项关键技术，推动图书馆更好地满足用户的多样化需求。

3. 物联网技术的应用

物联网技术在智慧图书馆的应用将为其带来更高水平的智能化和便捷化。随着物联网技术的不断发展，各种智能感知设备的广泛应用将使图书馆能够更精确地了解和满足用户的需求，提供更优质的服务。

智能感知设备可以实时监测图书馆的人流和资源使用情况，从而更好地进行人员和资源的调配。例如，通过在图书馆内部安装传感器，可以实时监测不同区域的人流密度，从而判断哪些区域更为拥挤，哪些区域相对空闲，从而更合理地分配人力和资源。这有助于提高图书馆的运营效率，使用户更加舒适地使用馆内设施。

物联网技术在图书馆的安全管理方面也具有重要作用。智能感知设备可以用于监控图书馆的安全状况，如火灾、漏水等突发事件。通过布置传感器和摄像头，系统可以实时监测各个区域的情况，并在发现异常情况时自动报警，提供实时的安全保障。此外，物联网技术还可以应用于图书馆的门禁管理，通过智能的门禁系统，用户可以更方便地进出图书馆，同时也能确保图书馆的安全性。

物联网技术的应用还可以使图书馆的环境更加智能和节能。智能感知设备可以监测馆内的温度、湿度等环境参数，根据实时的情况进行调整，提供更为舒适的阅读环境。此外，物联网技术还可以应用于节能管理，通过自动化的能源管理系统，图书馆可以实时监控能源的使用情况，优化能源的利用效率，降低运营成本。

然而，随着物联网技术的应用，也必须注重用户的隐私和数据安全。在采集和使用用户数据时，图书馆需要严格遵循隐私保护法规，确保用户的个人信息得到合理的保护和使用。同时，图书馆还需要建立完善的数据安全系统，防止数据被非法获取和滥用。

物联网技术的应用将使智慧图书馆更加智能化和便捷化。通过智能感知设备的监测和应用，图书馆可以更好地满足用户的需求，提供更高水平的服务和安全保障。然而，在应用物联网技术的过程中，隐私保护和数据安全仍然是需要高度重视的问题，只有在合理保障用户权益的前提下，物联网技术才能更好地为智慧图书馆的发展提供支持。

4. 跨界合作与多元发展

未来智慧图书馆将走向跨界合作与多元发展，以更好地满足用户的多样化需求，促进知识传播的跨界融合，以及丰富社区文化生活。

在未来，智慧图书馆将更加注重与其他领域的合作，实现资源的共享与互补。与学校、文化机构、科研单位等建立合作伙伴关系，将不仅有助于拓展图书馆的资源基础，还能够促进知识的跨界交流和创新合作。学校合作可以使图书馆的资源更好地服务教育领域，为学生提供丰富的学习资料和学术支持。与文化机构合作可以丰富图书馆的文化活动，举办各类讲座、展览、演出等，为社区居民提供更多元化的文化体验。与科研单位合作可以促进科研成果的传播，为科研人员提供更便捷的资源获取途径，推动科技创新。

同时，智慧图书馆也将更加注重多元发展，丰富文化活动和培育创意产业。智慧图书馆作为社区的文化中心，将不仅仅是图书馆，更是一个汇聚文化资源、促进文化交流的场所。通过举办文化活动、艺术展览、文化讲座等方式，智慧图书馆将为社区居民提供更多元的文化体验，丰富他们的精神生活。此外，智慧图书馆还可以成为创意产业的孵化平台，为创意人才提供展示和交流的机会，促进创意产业的发展和壮大。

跨界合作与多元发展将使智慧图书馆成为一个更加开放、融合、创新的平台。通过与不同领域的合作伙伴合作，图书馆可以将各方的优势资源进行整合，为用户提供更丰富的服务和体验。与此同时，图书馆也能够更好地满足用户的多样化需求，从而在信息社会中发挥更加重要的作用。跨界合作和多元发展的探索将不断丰富智慧图书馆的内涵，使其成为知识传播、文化交流和社区互动的重要枢纽。

智慧图书馆在知识社会中的角色和意义

在一个知识密集、信息爆炸的时代，图书馆的角色变得更加多元而复杂。智慧图书馆不仅是文化传承的守护者，还是创新和创意的孕育地。它不再仅仅局限于图书馆建筑，而是通过数字化手段将知识传播到更广泛的社会领域。本节将深入探讨智慧图书馆在知识社会中的新角色和深远意义。

1. 智慧图书馆在知识社会中扮演着文化传承的守护者的角色

智慧图书馆在知识社会中充当着文化传承的守护者的重要角色。随着时间的推移，历史的记忆和文化的传统逐渐成为了珍贵的遗产，需要得到有效的保存和传承。智慧图书馆以其数字化技术和创新的方式，承担起了保护和传承传统文化的重要使命。

智慧图书馆作为知识的仓库，承载了丰富的历史文献、照片、音视频等文化资产，这些资料记录了人类社会的发展历程、文化变迁和社会变革。然而，传统的纸质媒介在长时间内难以保持持久的保存状态，容易受到自然和人为因素的损害。智慧图书馆通过数字化技术，将这些珍贵的文化资产进行数字化处理和存储，有效地延长了它们的保存寿命，使其能够永久地被后代访问和了解。

通过数字化处理，智慧图书馆将历史文献、照片、音视频等文化资产转化为数字形式，不仅实现了信息的永久保存，还为后代提供了更加方便和灵活的访问途径。这种数字化传承方式不仅可以克服传统纸质资料的脆弱性，还可以将文化遗产推广到更广泛的受众中，跨越地域和时间的限制，使更多人能够了解和感受到这些珍贵的文化资源。

智慧图书馆还通过数字化技术将文化资产展现给大众，创造出更具有互动性和沉浸式的体验。虚拟展览、数字化文化遗产展示等活动可以将过去的历史和文化以全新的方式呈现给观众，使他们能够身临其境地感受历史的魅力。此外，智慧图书馆还通过社交媒体、在线讨论平台等渠道，鼓励读者分享与文化遗产相关的观点和体验，形成一个丰富的文化互动社区。

智慧图书馆的这种文化传承和展示方式不仅有助于保护和传承传统文化，也为后代提供了一个更加深入了解历史和文化的途径。通过数字化技术，智慧图书馆将过去的智慧和文化带入现代，为人们提供了一个连接过去和未来的桥梁。同时，这种数字化传承也促进了文化的创新，为当代文化创意提供了新的灵感和资源。因此，智慧图书馆作为文化传承的守护者，通过数字化技术的运用，不仅实现了文化的永久保存，还推动了文化的传承与创新，为社会的文化发展贡献了重要力量。

2. 智慧图书馆在知识社会中扮演着创新和创意的孕育地的角色

智慧图书馆在知识社会中扮演着创新和创意的孕育地的关键角色。在当今快速发展的社会环境中，创新成为推动社会进步的核心动力，而智慧图书馆作为信息和知识的聚集地，为创新的孕育和培育提供了丰富的资源和多样的创意环境。

数字化技术的发展为创新创意提供了前所未有的机遇。智慧图书馆通过数字化处理和存储，将各种类型的知识资源进行整合和展示，为用户提供了更广泛的知识视野。个性化推荐技术使用户能够接触到不同领域的内容，激发了他们在多元领域中的兴趣和好奇心。这种跨领域的知识交流和碰撞，往往会激发出新的想法和创意，促使人们从不同角度思考问题，产生独特的创新思维。智慧图书馆不仅为用户提供了丰富的知识资源，还可以通过举办创意展览、艺术活动等方式，营造创意的氛围。展览和活动不仅是知识的呈现，更是创意的表达和交流平台。智慧图书馆可以通过数字化技术和虚拟现实等手段，创造出沉浸式的展示环境，使观众能够与创意作品进行互动，深入感受创意的力量。这种创意的展示不仅为创意产业的发展提供了宝贵的推广途径，也为创意工作者提供了展示自己作品的平台，促进了文化创新的蓬勃发展。智慧图书馆的数字化平台还可以促进跨学科和跨界的创新合作。在这个信息高度交流的时代，不同领域的知识和经验往往可以相互借鉴和融合，从而产生出更具创意的解决方案。智慧图书馆可以成为各个领域交汇的平台，为创意工作者、科学家、工程师等提供一个共同探讨和合作的空间。通过促进不同领域的交流和合作，智慧图书馆为创新提供了更广阔的土壤，培育了更多的创新创意。

智慧图书馆在知识社会中扮演着创新和创意的孕育地的重要角色。通过数字化技术的应用和创意活动的举办，它为用户提供了丰富的知识资源和创意环境，促进了跨领域的知识交流和创新合作。智慧图书馆不仅仅是知识的仓库，更是创意的温床，为社会的创新发展贡献着重要力量。

3. 智慧图书馆在知识社会中具有社会互动的角色

智慧图书馆在知识社会中具有引领社会互动的重要角色。在这个信息爆炸的时代，智慧图书馆不再局限于传统的图书馆建筑内，而是通过数字化手段将知识传播到更广泛的社会领域，积极促进社会中的互动和合作。

社交媒体和在线讨论平台成为智慧图书馆推动社会互动的重要工具。智慧图书馆可以通过社交媒体平台建立自己的社交账号，与读者进行互动，分享有价值的信息和资源。这种互动不仅使图书馆与读者之间建立了更紧密的联系，还为读者提供了方便快捷的渠道，可以随时与图书馆进行交流、提问和反馈。此外，在线讨论平台也为读者提供了一个分享阅读体验、交流观点的空间，形成了一个丰富的知识互动社区，促进了知识的共享和传播。

智慧图书馆通过举办文化活动、讲座等方式，将知识和文化融入社区生活，推动了社会的文化交流和互动。这些活动不仅丰富了社区居民的文化生活，还为不同背景和兴趣的人们提供了相互交流的平台。例如，图书馆可以举办专题讲座、文化展览，邀请专家学者进行学术交流，引导社会关注热点话题，促进思想碰撞和知识分享。这些活动不仅满足了人们对知识的渴求，还促进了社会成员之间的相互了解和交流，加强了社会凝聚力和互信度。

智慧图书馆的社会互动角色还体现在其跨界合作和多元发展方面。智慧图书馆不仅与学校、文化机构、科研单位等合作，实现资源共享和知识交流，还积极与创意产业、科技企业等领域开展合作，推动知识和技术的交叉融合。这种跨界合作不仅丰富了智慧图书馆的资源和服务，也为社会中不同领域之间的合作搭建了平台，促进了社会的创新和发展。

4. 智慧图书馆在知识社会中具有社会互动的关键角色

在当今知识密集、信息爆炸的时代，智慧图书馆以其多元化的角色成为了知识社会中不可或缺的社会互动引领者。通过数字化手段和各类活动，智慧图书馆在社交媒体、在线讨论平台以及丰富多彩的文化活动等方面，积极促进了社会的知识交流、文化传播和跨界合作。其不仅在知识的传播上扮演重要角色，更在社会互动领域承担了关键使命。

智慧图书馆以其数字化手段和创新活动在社交媒体平台上的积极互动，推动了社会知识的广泛传播。通过建立社交媒体账号，图书馆能够与读者进行实时互动，分享有价值的信息和资源，使得知识可以在虚拟社交空间中得以传播，拉近了图书馆与读者之间的距离。同时，在线讨论平台为读者提供了一个交流观点、分享阅读体验的平台，从而形成了一个互动的知识社区，促进了不同人群之间的思想碰撞与交流。

文化活动是智慧图书馆促进社会互动的重要途径之一。智慧图书馆通过举办讲座、展览、艺术活动等，将知识与文化融入社区生活，为居民提供了广泛的文化体验和社交平台。这些活动不仅满足了社区居民对于知识和文化的需求，也创造了一个互动交流的空间，促进了社会成员之间的相互了解和交流，提升了社区的凝聚力和文化素养。

智慧图书馆在跨界合作和多元发展方面的努力也为社会互动注入了新的活力。与学校、文化机构、科研单位等合作，使得不同领域的知识与资源得以共享，知识交流变得更加畅通。此外，与创意产业、科技企业的合作也促进了知识和技术的交叉融合，为社会创新和发展提供了更多可能性。

智慧图书馆在知识社会中具有社会互动的关键角色。通过数字化手段和丰富多样的活动，它在社交媒体、在线讨论平台、文化活动等方面积极促进了社会的知识交流、文化传播和跨界合作。智慧图书馆不仅是知识的传播者，更是社会互动的引领者，为不同群体提供了一个共享知识、交流观点和合作创新的平台，推动着知识社会的进步和发展。

5. 智慧图书馆在知识社会中具有培养信息素养的使命

在知识社会中，智慧图书馆扮演着培养信息素养的重要使命。随着信息技术的飞速发展和信息爆炸的时代，获取、评估和应用信息的能力变得尤为重要。智慧图书馆通过多元化的手段，如培训、教育和服务，致力于提升用户的信息素养水平，帮助他们更好地理解和应用信息，从而在现代社会中具备更强的竞争力和适应能力。

首先，智慧图书馆通过举办培训和教育活动，帮助用户掌握信息搜索、筛选和评估的技能。信息的多样性和涌入性使得用户需要更准确的搜索技巧来获取所需信息，同时也需要能够判断信息的可信度和有效性。智慧图书馆可以为用户提供相关培训，教授他们如何使用搜索引擎、数据库和在线资源，以及如何辨别虚假信息，从而提高他们的信息搜索和评估能力。

其次，智慧图书馆通过个性化推荐技术，为用户提供精准的信息资源，帮助他们更好地应用信息。根据用户的兴趣、需求和阅读历史，智慧图书馆可以为每位用户定制推荐内容，使用户能够接触到更多相关和有价值的信息，从而扩展他们的知识广度和深度。智慧图书馆还可以通过举办讲座、研讨会等活动，促进用户之间的交流和合作，从而共同提升信息素养。用户可以在这些活动中分享自己的经验和技巧，学习他人的方法和经验，从而在互相学习中提高自己的信息素养水平。此外，智慧图书馆还可以通过在线平台和社交媒体，向用户提供实时的信息服务和指导。用户可以通过移动应用、虚拟助手等方式随时随地获取信息，提高他们的信息获取效率和便捷性。

智慧图书馆在知识社会中承担着培养信息素养的重要使命。通过培训、个性化推荐、交流合作等方式，它提升用户的信息搜索、评估和应用能力，帮助他们更好地适应信息时代的挑战。这不仅有助于个人的学习和发展，还为社会的信息化进程提供了坚实的基础，推动着整个社会的进步和发展。

第三节　本书内容概述

本书共分为十章，旨在系统地呈现智慧图书馆的建设与管理各个方面，从核心理念到关键技术，再到资源管理、用户体验、文化传承和可持续发展等方面，深入探讨了智慧图书馆领域的核心议题。通过这十章的内容，读者将获得一个多维、全景式的智慧图书馆蓝图，深入了解智慧图书馆的全貌和未来发展方向。

第一章作为引言，介绍了智慧图书馆的背景与发展趋势。从信息社会的兴起到数字化技术的崛起，探讨了智慧图书馆应运而生的背景，以及其在知识社会中的角色和意义。第一章为读者提供了对智慧图书馆发展的整体认识，为后续章节的内容奠定了基础。接着，从第二章到第五章，分别深入探讨了智慧图书馆的不同方面。第二章关注数字化技术的崛起，讨论了互联网、移动设备、人工智能等技术如何为图书馆带来机遇，丰富了资源获取和服务模式。第三章聚焦数字化资源的丰富化和便捷获取，探讨了互联网的兴起如何使得数字化资源得以创造、存储和分享，从而提升了用户获取信息的便利性。第四章探讨了个性化服务的提供，讲述了如何通过智能化技术为用户推荐适合其兴趣的阅读材料，提高阅读体验和深度。第五章则深入讨论了数字化管理和存储，分析了数字化技术如何使得图书馆更好地管理和存储信息资源，提高资源的利用效率。第六章到第九章关注智慧图书馆在知识社会中的不同角色：第六章探讨智慧图书馆作为文化传承的守护者，如何数字化保存历史文献和文化资产，促进传统文化的传承和创新。第七章强调智慧图书馆作为创新和创意的孕育地，介绍了如何通过数字化资源和创意活动，激发用户的创新灵感，推动创意产业的发展。第八章讨论了智慧图书馆在社会互动方面的作用，介绍了如何通过数字化手段和文化活动促进社会的知识交流、文化传播和跨界合作。第九章探讨智慧图书馆在培养信息素养方面的使命，介绍了如何通过教育和服务提升用户的信息搜索、评估和应用能力。最后一章，第十章，展望了智慧图书馆的未来发展趋势。通过人工智能、大数据分析、物联网等技术，智慧图书馆将继续创新服务模式，跨界合作，实现知识传播和文化创新的跨界融合，为社会提供更多元、更具前瞻性的智慧图书馆服务。

通过这十章的内容，读者将获得一个系统、全面的智慧图书馆建设与管理的知识体系。本书通过深入剖析智慧图书馆的各个方面，从核心理念到实际应用，为读者呈现了一个丰富多彩、具有前瞻性的智慧图书馆蓝图，帮助读者更好地理解智慧图书馆的发展现状和未来趋势。

第二章

智慧图书馆的理念与演进

现如今，计算机技术和网络技术正在快速发展，尤其是智能手机与移动互联网的运用和普及，逐渐深入人们的生产及生活中，并推动了整个社会的运行建设。随着各种新兴技术的兴起，例如云计算、人工智能、大数据、虚拟化、物联网、元宇宙等，也为各行各业提供了空前的发展机会。一些智慧地球、智慧图书馆、智慧城市等概念，也在此背景下应运而生。人们的生活环境中充满了各种数字化设备及技术，并逐渐开启了数字化生存模式。对于智慧图书馆建设来说，更加符合图书馆智能化发展以及用户需求，可以为用户提供个性化服务与支持。基于信息文化视域下，通过探索智慧图书馆的环境及建设新特征，可以更好地促进智慧图书馆服务活动有效开展。本章节重点分析和探讨了智慧图书馆建设及存在的挑战，针对智慧图书馆的概念、支撑技术、组成要素、实践与探索建设等方面展开相应思考，旨在为智慧图书馆的创新建设提供有效指导。

第一节　传统图书馆与智慧图书馆的对比

　　信息时代背景下，各个行业领域都在发生明显变革，对于图书馆工作来说也是如此，现代图书馆已经向着现代化方向进行发展。传统图书馆的建设服务不能满足现代化需求，而且存在较多的问题缺陷，通过积极引进信息化技术，全面打造智慧图书馆，也是图书馆需要面对的必然趋势。

　　在传统图书馆中，阅读用户往往需要面临以下几点难题：考虑到时间和路途问题，人们往往要行至较远距离到图书馆借阅书籍，给人们带来了较多的不便；图书馆借阅书籍的流程比较复杂，往往需要排队等待，会花费较长的服务时间；作为传统图书馆的工作人员，其精力和体力大都用于书籍盘点、查询等工作，馆内存在大量的文化书籍需要进行盘点、逐册、核对，增大了工作人员的工作量，但工作效率比较低，这就导致无更多精力为读者用户提供更优质、全面的服务；在传统图书馆中，由于知识信息载体的体积大、存储密度小，因此需要有大量人员及空间进行管理和处理，书籍资料的存放环境较为保守，还需人为进行环境控制与管理，再加上缺少完善的安防保障，很多书籍容易出现失窃、遗漏、错架等现象。

　　相比之下，智慧图书馆建设中，其"智慧"主要体现在以下几点方面：（1）利用智能化电子服务，可在馆内实现快速定位和查找等功能，促进图书查阅的便捷、高效；（2）简化借书、还书的流程，在智能化图书馆建设中，可以更好地完善和优化图书馆的借还流程，提高信息存储的安全性，增强信息读写的可靠性，使图书馆的借还服务更快速、便捷；（3）实施智能化图书馆建设后，可以有效解放重复劳动力，使图书馆工作人员脱离日常繁重的管理工作，提高阅读用户的满意度，优化图书馆借还服务的效率；（4）利用智能化服务中的自助智能还书车，可以大大提高图书归架工作的效率，为读者提供更便捷的阅读服务；（5）在图书馆的巡架工作中，借助便携 RFID 阅读器，可以对乱架图书进行精准查找，促进巡架工作更加快速、准确；（6）强化图书清点工作，利用 RFID 阅读器可以对 RFID 标签资料进行准确读取，在减少清点工作量的同时，也可以增强文献清点的效率。

智慧图书馆的核心概念与关键特点

　　智慧图书馆是未来图书馆的一种最高形态，最主要的特点是广泛性，内在特点是促进以人为本的可持续发展。智慧图书馆环境是由多种技术构建组成，如人工智能、云计算、大数据、物联网等，可以作为智慧图书馆存在和发展的主要条件。在现代信息环境下，智慧图书馆环境并不是具体的物理空间，而是动态的、生成的一种依赖关系，从信息采集、组织、使用、创新、传播、存储等环节，发挥各主体的功能作用，进而产生新的场域环境。在智慧图书馆环境中，最明显的特点是高度信息化，在四个维度之间也是相互联系和依存的，这种关联特征会使场域环境变得更加复杂、丰富。

一、智慧图书馆的核心概念

　　提出智慧图书馆的概念，最初是来源于一个词汇，即"smart library"。通过引入智慧图书馆的概念，并对其进行概念辨析、上层设计以及探索实践，使智慧图书馆服务更贴合人们的实际需求。有研究认为，智慧图书馆可以不受时间与空间的限制，自主感知移动图书馆的各项服务，利用无线互联网的连接作用，为阅读用户提供查找、搜索、阅读等服务。总的来说，图书馆建设中智慧型服务包含了两个方面的内容：一是实现"自助"和"无人"服务，例如近些年兴起的阿里无人超市等；二是自动感知用户需求，并为其创造更精准和高质量的个性化服务。自信息技术应用和发展至今来说，全面性、智慧性依然是最主要的应用特征，智慧图书馆的建设服务中，主要以智能化、数字化、网络化为基础，根据互联性、高效性、便利性的优势特征，实现数字惠民和绿色发展的生活追求，这同样也是现代图书馆可持续发展的基本理念。

　　随着智慧图书馆的建设与发展，一些新的概念也被提出，如电子图书馆、数字图书馆、虚拟图书馆等，都是依托于计算机技术、互联网技术作为支撑而发展的，在不断的辨析、争论后，最终以"数字图书馆"作为总称，而智慧图书馆的概念也是由此演进而来的。作为未来图书馆的新形态，智慧图书馆主要涵盖了实体图书馆、线上图书馆这两大载体，利用智能设备、智能管理平台，实现图书馆资源的全方位管理，为各位读者用户提供优质、全面的建设服务。图书馆资源包含的内容比较广泛，如专题服务资源、、馆员、纸本资源、空间资源、子资源、设备资源等，当读者与图书馆产生交互作用时，会产生大量数据信息，在管理平台系统中对其整理和分析，提高图书馆建设的服务水平，有效提升服务手段，加快良性循环，以形成智慧化硬件与软件结合的图书馆模式。智慧图书馆最明显的特征就是低碳化、节能性、智能化和便捷性，可以实现立体式智慧服务形态，从而更符合图书馆智能化发展与用户需求。

二、智慧图书馆的关键特点

1. 智慧图书馆特点一：知识共享性

建设智慧图书馆，首先要考虑读者的实际需求，利用数字化、网络化、智能化的外部特征，可以促进阅读用户与管理人员的有机联系，并串联所有的数据信息，推动智能连接的有效性，强化读者、管理者、前后台之间的整体衔接功能，提高知识共享的效率。

与此同时，读者心理很容易受到多元文化价值观的影响，在价值取向方面，读者表现的会更加超前、多元，读者的主动性和独立性也会增强，读者与馆员、读者与读者之间都会表现出明显的异质性特征。基于多元文化视域下，必须要发挥知识共享的功能，当馆员和读者的价值观念逐渐趋于异化时，双方关系自然也会变得松散，智慧图书馆中，平等的环境和虚拟空间，会不断影响读者的主体意识和价值取向，从而使读者不愿过多接受馆员的约束管理，那么馆员和读者之间的关系就会变得平等、博弈。因此，馆员必须要主动改变自身角色，树立新的阅读用户观，通过准确把握读者的心理需求，提供精准的个性化服务，创造多元化的服务方式，并帮助读者解决现实问题，提高读者的学习和创新能力。

2. 智慧图书馆特点二：简捷服务

智慧图书馆与传统纸质图书馆相比较，具有更便捷的服务内容，通过在图书馆建设中应用智能技术，可以优化管理效率，帮助阅读用户在借阅过程中节省更多时间，推动图书馆的数字化和智能化发展，同时也可为馆员提供更高效的管理方法，实现更全面、便捷的馆内服务。

智慧图书馆环境改变了传统场域中的互动模式，拓宽了读者互动的时空环境，具有可选择性、可控制性的特点，馆员和读者可以在任意时间、任意地点进行交流沟通。同时，还具有可延展性、可收缩性，比如可以实时互动，也可以在任何时间回复和接收信息，这就使得互动场域的边界不断扩大，直至变得模糊。当互动方式出现变化时，主体和外部的关系也将被重构，进而使互动关系发生变迁。考虑到用户群体间存在差异性，传统图书馆环境中，善于表达的读者可以获得馆员帮助，馆员与读者之间产生了互动分化的现象，而在智慧图书馆环境中，互动方式的丰富性、便捷性，会为不同读者和馆员之间的互动提供平台机会。

3. 智慧图书馆特点三：信息文化性

在智慧图书馆中，更注重人与书的和谐利用，首先要遵循"以人为本"的公益惠民理念，使读者在同一空间内获得阅读和学习的解决方案，体验智慧图书馆带来的便捷性。智慧图书馆的建立与发展，也会使阅读用户与图书馆员的学习、工作发生较大改变，尤其是基于信息文化视域下，通过探索智慧图书馆环境中馆员和读者互动的新特征，可以更好地促进智慧图书馆服务活动有效开展。在智慧图书馆中，馆员和读者的信息交互主要体现在语言、文本等方面，借助多媒体、超链接可以实现虚拟现实的方式，馆员和读者的互动在这种环境下会重新建立，并且存在于虚拟空间的任何地方。新技术可以为馆员和读者的互动创造便利，但同时也会有束缚，比如说无法直接呈现出语言外的其他信息，或者说，馆员和读者的互动会更加追求平等、自由，而且这种互动情景是对现实的模拟，是一种虚拟交互关系。因此，在智慧图书馆环境下，用户的个体组织机构会出现更多的连接，互动规模也会扩大。

除此之外，用户的学习与运用是在与环境的相互作用中形成的，知识获取途径不只是依赖馆员这个渠道，传统图书馆中馆员是作为信息文化传播的主体所存在的，但是在智慧图书馆中已被慢慢弱化，并转变为以用户为中心的价值取向，这就导致读者对于主体观念和平等意识的诉求愈发强烈，此时馆员不再作为知识的传播者而存在，而是需要转变为活动的协调者、学习的引导者、技能的促进者，这一转变使得读者学习的自主性提高，也拓展了读者获取知识的途径，在这个过程中馆员和读者的博弈加强，并在发展中实现动态平衡。

第三节 智慧图书馆发展的历史演进

现代信息技术的发展也催化了人工智能时代的到来，各种深度学习、神经网络等逐渐映入人们视野中，这也意味着现代图书馆需要面临更大的挑战与变革。人工智能时代背景下，图书馆必须要经历从智慧图书馆迁移至智能图书馆的创新阶段。图书馆肩负着国家重大使命与职责，首先要秉承"传承文明服务社会"的基本理念，对自身事业转型和发展进行深入研究、思考，更好地适应人工智能时代对图书馆服务内容的变革要求。

一、智慧图书馆的起源、实践和发展

通过分析图书馆的发展史可知，经过早期的以古代图书馆、藏书楼等为代表的近代图书馆后，如今的数字图书馆也逐渐得到应用，如物联网、云计算等信息技术，加速推动了现代图书馆向智慧图书馆的方向进行变革。智慧图书馆环境是一种新的场域，具有特殊的性质，可以使馆员和读者用户发生互动变化，这种变化同样也会作用于该场域。在开放自由的环境下，馆员和读者用户所选择的服务范围不断扩大，双方更容易产生不同的认知和行为，这使得图书馆互动服务更加复杂。在智慧图书馆环境中，实现了多种资源利用与服务方式的融合进步，以读者用户为中心，促进馆员和读者用户的平等交流，在互动过程中促进友好沟通、体验感悟、开发思维，有利于实现馆员和读者用户的良性互动，进而使得智慧图书馆环境中充满和谐、尊重、融洽、包容的正向情感，进而实现双方的互利互惠和共同发展。

1. 智慧图书馆的研究进展

芬兰奥卢大学图书馆于 2003 年前后提出移动图书馆的服务模式，并将其命名为"Smart Library"，该服务模式是基于位置感知的基础上，由此也引出智慧图书馆的概念。在 2007 年欧盟也发表了相应的创新型理论，如"智慧政府""智慧地球"等，使得人们开始了解和接受这种创新型概念，而"智慧"概念也同期进入图书馆领域的应用中。通过查阅相关文献可知，华侨大学某图书馆在 2010 年提出"智慧图书馆"并逐年升温，同期涌现出该研究领域的核心人群，例如郭晶、王世伟等。在具体的研究成果中，也涉及到了关于智慧图书馆的研究内容，主要包括其概念研究、技术研究等方面，如物联网、RFID 技术、Zigbee 技术等。不同学者对智慧图书馆产生了不同的理解视角，针对其特征形态、未来演化和发展等内容也

做出思考，并普遍持开放态度，这也代表智慧图书馆即将会顺应图书馆事业与未来社会的发展，并呈现出新的表现形态，逐步与图书馆发展相融合。

2. 智慧图书馆的服务实践

基于现有的服务模式展开分析，智慧图书馆的服务范围较广，包含了较多的内容形式，主要有：基于移动互联网的移动服务模式，例如微信公众号、图书馆 APP 等；基于 RFID 的自助服务模式，例如 24h 自助图书馆；基于计算的共享服务模式，例如美国国会图书馆的云服务；基于互联网的嵌入式服务模式，例如图书馆 MOOC 教育；基于数据挖掘的个性化服务模式，例如掌上 CNKI 个人图书馆等等。结合图书馆提供服务的平台系统，也相继产生了 24h 自助借还系统、网络自助续借系统、智能清点系统与定位系统、智能座位预约系统等，实现了多元化系统的共享体系。此外，根据图书馆的服务体系来说，依托于多元化系统管理的服务模式，可以更好地提高服务保障质量，有助于构建便捷性、高效性、共享性、覆盖率高、通借通还的图书馆服务体系，典型案例有武汉大学图书馆的虚拟导航、上海交大图书馆的智慧泛在课堂、清华大学图书馆的机器人"小图"、广州图书馆的智能荐书等等，这种特色化的服务模式，也为图书馆用户提供更多便利，例如嘉兴模式、深圳模式、禅城模式等，有效推动了智慧图书馆的创新发展。

3. 智慧图书馆的发展驱动

根据文化部于 2013 年间所发布的规划文件，也进一步推动了全国公共图书馆事业的发展规划，对于高校图书馆，教育部在早期便制定和颁布了相应的纲领性文件。在图书馆建设成效方面，全国图书馆服务体系已经在"十二五"末完成初步的建设，并按照系统制定的"十二五"图书馆发展规划实施，直至 2015 年底我国共有公共图书馆 3139 个，房屋建筑使用面积达到 1316.76 万平米，图书总藏量达到了 83844 万册。截至 2015 年底，数字图书馆的建设进程不断加快，全国数字资源建设总量为 11347.8TB，共享数字资源总量大于 140TB，全国数字图书馆实名用户大于 713 万人，尤其是在数字阅读、信息获取等方面满足了社会公众的文化诉求。

在此基础上，智慧图书馆的建设和服务逐渐得到完善，良好推动了全国图书馆事业的变革发展，很多大中城市基本全部上线该数字化服务，如依托于 RFID、物联网技术的 24h 自助图书馆，并且获得了较好的应用成效。在全国公共图书馆第五次评估指标中，24h 图书馆的服务半径和数量也被纳入其中，深入分析近年来智慧图书馆的发展驱动因素，可以总结为以下几点：现代信息技术的普及、应用与发展；国家对图书馆文化事业的重视和持续投入；图书馆工作人员的职业素养与自律、追求；社会公众的阅读需求及转变等。其中，核心因素是社会用户的真实需求，外在的推动因素是国家对现代信息技术的高度重视与建设投入，内在推动因素是图书馆人的奉献精神和追求。

二、智能图书馆的服务内容与发展瓶颈

随着大数据时代的到来，智慧图书馆也要不断创新发展，以上海图书馆实施的五新"智慧服务"为例，借助现代化信息技术，让公众阅读变为"悦读"，利用新技术促进智慧更凸显，利用新空间促进创新更便捷，利用新媒体为公众提供无处不在的服务，整合新资源促使数字阅读更丰富、精彩。根据人工智能的视角进行展望，可以发现智慧图书馆中所蕴含的智能化特征是时势所需，比如智能控制、自主学习、信息传感等，随着人工智能时代的发展，这些驱使因素会推动智慧图书馆服务更好地顺应社会服务需求，并逐渐向着智能图书馆的方向进行发展。

1. 智能图书馆的服务内容

1.1 面向图书馆用户的新图书馆人工智能系统服务

人工智能系统的组成内容包括信息的获取、传递、处理、知识生成、策略构建、策略执行、反馈优化等环节，这也是一个完整的人工智能系统必须要具备的结构组成。在智能图书馆中，需要面向庞大的用户群体，可以是个人，也可以是政府、企事业单位或者是科研团队，所提供的服务内容必须要包含基础数据层、中间技术处理层等等，有效实现文献借阅、资源定制、学科咨询、数据共享等基本服务，同时还要不断完善信息服务和知识服务，促进图书馆服务工作向智能服务方向进行转变，并以用户为中心，为其提供多样性的服务产品，例如以用户信息行为数据为基础的数据挖掘与分析、知识生成与发现、服务策略的构建与调整、读者用户的反馈和优化等方面。

1.2 面向智能社会发展的数据资源建设服务

基于人工职能的发展前提下，图书馆建设过程中需要构建以大数据为基础的产业生态基本架构，利用数据积累、治理建立人工智能大数据平台系统，整合并优化底层的数据资源层、中间技术层、顶层应用层等，深度学习专项技术和机器学习基础理论等内容。应用人工智能服务系统，还要充分挖掘基础数据资源层，促进数据资源与实际应用相互依存。由于图书馆本身的信息资源与知识资源存在独特优势，大数据技术的驱动也为更多的网络监测机构提供长久发展机会，图书馆自身具有的公益属性也会促进其发展，并推动智能社会发展的数据资源建设服务。

1.3 面向不同服务群体的拓展型服务模式

如今对于教育、电力、医疗等领域来说，人工智能技术都有所涉及，这也预示着智能图书馆的开启，可以为现代社会提供图书馆数据资源优势与人工智能技术相结合的拓展型深度服务。例如将数据、算法、应用进行综合运用，可以发挥人工智能技术的创新优势，这在智能医疗中比较普及，可以创造出人工智能治疗新体系，利用信息技术创造手术机器人，作为智能诊疗助手，同时也可发挥生理监测系统的功能。在面对不同的服务群体时，利用拓展型

深度服务不仅可以发挥图书馆的资源优势，也可以优化传统智慧服务的模式，例如信息服务、知识服务与数据服务以及文献服务等。作为图书馆的重要组成部分，智能型创新服务包括感知服务、深度服务学习服务、计算服务等类型，也是图书馆创新发展的增长点。

1.4 发挥"自主性"的学习能力

分析人工智能的技术特征，可发现人工智能技术与其他现代科技具有一定差别，例如 IT 信息技术的应用核心在于自主学习能力，实际应用中人工智能可以借助强大的计算能力，帮助相关人员发现矛盾问题，并对问题进行定量化的处理，通过发掘数据价值，对未来社会发展的趋势进行预测分析。当前智慧图书馆中，虽然也延伸了服务内容，使其具有数据服务特征，但是智能特征并不是特别明显，比如不能有效挖掘和量化互相关联的数据信息，发现存在的问题、规律及趋势，使图书馆更适应社会新形态的发展要求，推动信息时代逐渐演变为人工智能时代，最大化地发挥图书馆的教育和孵化功能，帮助人类完成过去未能完成的任务，进一步升级图书馆的服务功能，并对现有服务进行智慧化和智能化的技术处理。

2. 智能图书馆的发展瓶颈

自从深度学习出现后，开源代码逐渐丰富，大大降低了开发从业者的准入门槛，现如今人工智能的发展也是源自于大数据、神经网络、知识学习等领域，涉及到心理学、语言学、电子学、计算机学等多学科，具有较强的综合性与交叉性，并且超出计算机学的概念及范畴，对相关技术从业者的素养也提出更高要求。由此分析，建设智慧图书馆时，新事物发展的人才因素也是一大重要的瓶颈制约问题。可以总结为两大方面，一是人才建设，二是数据资源建设。

2.1 影响智能图书馆发展的人才因素

根据相关调查数据显示，人工智能专业的人才在全球范围内的占比较小，而我国只占到 2%，缺口较大。目前国内外的人工智能从业者基本上都聚集在一些巨头 IT 公司，如 BAT 等。就算是如此，BAT 也需在全球范围内寻找相关顶级人才，曾经甚至在全球范围内启动"少帅计划"，旨在甄选和培养 30 岁以下的优秀人才。只有充分培养人工智能专业人才，才能改变现状并推动教育界的专业课程设置，快速扩充转业人才的数量，加快人工智能的深入发展，降低从业者的专业要求。可是针对大数据时代数据馆员的紧缺问题，也暗含了人工智能时代下，智能图书馆建设初期的人才紧缺是无法避免的，并且该现象很可能会长期存在。

2.1 智能图书馆数据资源发展瓶颈

数据在智慧图书馆的建设工程中是至关重要的，也是实现人工智能应用和计算机应用的基础。数据可以为智能应用提供有效支撑，在实施过程中会生成大量数据。对于大数据而言，我国具有明显的应用优势，尤其是在互联网或者是移动互联网应用中更加领先世界。智慧图书馆的建设需要有足够的数据资源作为支持，传统的文献资源和网络资源中，只拥有少数的用户数据资源，但是若想发展人工智能服务体系，则需结合用户行为数据、科学数据等，促进图书馆服务数据的商业化和丰富性，改善资源建设现状，为智能图书馆的建设和发展提供机会。

第三章

关键技术与应用

智慧图书馆的建设总共包括硬件和软件这两大部分，有了软件作为支持才能发挥硬件的作用，如办公软件、视频软件、操作系统等，这些都属于通用软件。对于特殊软件技术来说，是针对特定设备所定制的软件，如图书馆自动化管理系统，是传统图书馆逐渐转变为数字图书馆的重要支撑技术。因此，在智慧图书馆中，主要是一个集硬件设备、软件系统、平台、海量数据、馆员等多因素于一体的构建系统，根据先进理论、设备、软件可以促进智慧图书馆的实践和落实。

第一节	人工智能在图书馆中的应用

一、人工智能

人工智能的英文缩写是 AI，属于一项新的技术科学，主要是用于研究、开发、模拟、延伸和扩展人的智能理论、方法、技术及应用系统等方面，也是计算机科学的重要分支。研究并生产出一种新的与人类智能类似的智能机器，所涉及的领域研究比较广泛，如机器人、语言识别、图像识别、自然语言处理、专家系统等。自诞生以来，人工智能理论与技术也逐渐趋于成熟，其应用领域日益扩大，未来人工智能创造的科技产品会为人类提供更多的发展思路，通过对人的意识、思维进行信息过程的模拟，使机器胜任人类智能才能完成的复杂工作。

对人工智能进行简单理解，就是让机器行为看起来像是人所表现出的智能行为。现阶段人工智能的发展也历经很多波折，直至现在已经深入日常生活中，人工智能的广泛普及与发展，从根本上是依靠大数据技术和机器学习，同时也会受到商业模式的推动影响。因此，也可认为是大数据成就了现在的人工智能。人工智能的范围很广，如机器学习、深度学习、计算机算法、神经网络等。机器学习是指让机器具备人类智能可以执行的重要技术，通过学习数据中的内在规律信息，获取知识信息与新经验，使其像人一样决策和应用。深度学习也是最新的研究方向，旨在让机器学习模拟人脑的多分层结构等机制，使其模仿视听、思考等人类活动，提高自适应和自学习能力，增强认知过程。

二、人工智能的研究领域

从人工智能技术的整体发展进行分析，可以将技术研究方向归结为以下几点：第一，语言理解和运用。主要是关于语言方面的研究领域，如机器人可以对人类语言信息进行准确识别，以及根据具体信息做出相应反应；第二，机器视觉。主要研究领域包括三维模型的构建和特定环境下对图像的理解与应用等，从而展示出产品的视觉信息；第三，机器人学。通过运用机器对人类思维和动作进行模拟，给机器人下达指令使其从事相关动作和活动，同时也可以降低误差的发生概率；第四，认知与推理。研究领域包含物理和社会常识等信息的识别与推理，从而产生相对应的指令信息；第五，博弈与伦理。在早期的资料报道中曾列举过阿尔法狗与围棋参赛者的合作，这也是博弈与伦理的典型代表；第六，机器学习。基于大数据的背景下，数据信息的剧增也提高了信息处理工作的难度，在应用人工智能技术后可以使数据建模、分析与计算等工作的效率得到显著改善。在对人工智能技术进行全面分析和研究后发现，人工智能可以促进人们对事物达到更加深入的感知与体验，让人工智能技术发挥出与人类认知和推理能力相适应的功能作用。当然，在实现诸多功能时往往需要更加复杂的计算机算法和编程进行实现，这也意味着将会投入更多的时间成本和精力。

三、人工智能应用的优点与缺点

在图书馆建设服务中运用人工智能，具有以下几点优势：第一，AI 可以对海量数据进行快速分析处理，为读者提供针对性、个性化的阅读服务，这是传统方法不能比拟的；第二，AI 技术能够提高服务效率，提升用户满意度，比如该技术可在 24h 内不间断地为读者提供服务，具有较高的应用效率。同时，有优势也会有劣势，在 AI 技术应用中也存在一定难题，比如 AI 技术的开发、维护成本比较高，往往要由专业人才进行知识操作与管理。此外，数据安全与隐私保障也是重要的研究专题，这在 AI 应用中也应当重点关注。

目前随着 AI 技术的应用发展与成熟，未来会在图书馆阅读服务与建设中实现更广泛、更深入的使用，作为图书馆则需积极探索 AI 技术对阅读建设的影响，注重相关的技术挑战和伦理问题，为读者用户提供更便捷、更高效的阅读服务。

四、人工智能在图书馆建设中的具体应用

随着现代科技的发展，在图书馆建设工作中应用人工智能具有更广阔的发展前景，比如运用该技术处理大量信息，按照特定算法展开内容分析，给阅读用户提供个性化的推荐服务，促进阅读活动的效率提升等等。同时，AI 技术也可根据用户的阅读偏好、阅读历史记录，为其推荐相应的文章、书籍，明显提高了阅读推广的开展效率。如今大多数图书馆已经开始使用 AI 助手来完成各种在线咨询服务，比如提供搜索建议、回答用户疑问等等，为图书馆阅读工作创造了极大的便利条件。

例如某图书馆正式启用"刷脸"借书的功能，用户只需面对自助借还书机上的摄像头，提前进行"人脸信息的绑定"，机器便可将用户的个人信息进行自动保存，并准确录入到相应的识别系统中。若用户再次需要完成借还任务，通过自助"刷脸"便可完成身份认证，并便捷办理图书的查询、借还等业务，而且还不用输入对应的账号及密码，提高了图书馆工作的服务效率。同时，图书馆中的自助借还书设备的"刷脸"功能，其识别速度只需在 1s 内，识别准确率大于 99%。

对计算机来说，图像信息可以是由众多像素点组成的矩阵，利用计算机技术对摄像头采集到的人脸图像可以进行识别，并提取有效的识别信息，从而根据相似程度对人脸身份信息进行分析、判断，确定人脸对象的身份。这在图书馆的众多服务应用中比较方便，"刷脸"技术也是人工智能领域中的一种生物识别技术。在人脸识别技术中，总共包括模型理论、视频图像处理、机器识别与学习、专家系统等技术知识，同样也是生物特征识别的最新应用。目前随着深度学习技术的创新发展，人脸识别的精确度不断得到提升，这在图书馆应用中属于全新应用模式，也标志着人工智能正式进入图书馆服务中。

此外，人工智能的创新发展日益成熟，还包括游戏类、语音识别、图像识别、推荐算法、智能问答等方面。对于图书馆的人工智能应用来说，并不只限于智能推荐、人脸识别、咨询搜索、知识发现等方面。比如机器人可以实现半自主、全自主的智能工作，在图书馆中主要用于管理、服务。机器人具有感知、决策、执行等特征，能够为人类生活而服务，并代替人类完成一些危险、繁重和复杂工作，提高工作质量及效率。当前应用比较成熟的机器人包括：服务机器人、装配机器人、工业机器人，在图书馆中主要分为：咨询机器人、盘点机器人、运送机器人、迎宾机器人、分拣机器人以及在线智能问答型虚拟机器人。

| 第二节 | 大数据分析与知识管理 |

一、大数据的含义及作用

大数据技术是一种超出传统数据处理能力的优质数据处理方式，在实际应用中具有庞大的数据规模，对于数据的传输速率要求较高。与传统的数据库系统不同，在构建大数据的过程中需要获取更加有效的价值信息，深入挖掘数据处理中的各类价值信息。传统的数据处理技术需要耗费较大的时间和精力，而大数据技术可以更好地改善该情况，并且以更加高效、快速的方式处理海量信息，通过对信息进行提取、整合与分析，可以将其运用在各行各业中，发挥出独特的应用优势及效果。同时，大数据也是工程应用和分析的基础。基于软件和技术，可以有效解决数据传输成为计算任务的问题。当数据量过大且无法移动时，可以使用特殊软件避免数据移动，通过应用大数据技术，促进人工智能的长足发展与进步。有了大数据以后，人工智能的发展也日益进步，计算机硬件和软件架构的进步，也使得海量数据的处理变为可能。对于图书馆来说，具有海量的纸本资源、学术数据库、电子书、读者行为数据、实体图书馆使用资源数据以及其他线上图书馆的留痕数据等，都是智慧图书馆的构建基础与保障。

二、大数据的特征分析

大数据主要包括四大方面的特征：第一，海量化。目前我国在社会发展中的整体数据含量呈现出大幅度增长的趋势，在构建大数据系统时，不同的移动设备、支付平台等都会产生海量数据，且容量已经超出了硬件设施的发展，由于数据含量比较庞大，也给数据处理带来较高难度。第二，多样性。大数据所涉及的范围比较广泛，可以对个体生活中的诸多层面进行涵盖，以大数据为基础可以实现对个体及企业经营等方面的细致化研究。第三，便捷性。大数据在应用过程中具有较快的处理速度，可以充分满足不同网络用户的阅读服务需求。第四，价值化。在大数据应用过程中，其价值化特征主要体现在信息的综合性处理方面，可以对各行各业的发展起到突出性的指导作用。目前各行各业都开始采用大数据技术进行建设，以提升服务水平，如淘宝、京东等电商平台。在应用大数据技术时，图书馆信息领域也不甘落后。自 2012 年起，美国哈佛大学图书馆积极引进大数据技术，并向读者公布图书馆的数据信息。随后上海图书馆也在 2015 年全面应用大数据技术，实现各项服务的升级，研究并开发如何有效构建数字阅读平台等等。

三、利用大数据构建数字阅读平台系统

数字阅读平台是一个以读者需求为中心的微信小程序服务平台，其工作核心是面向读者用户的服务，为读者提供更加便捷、优化的图书馆资源服务，该平台打造出阅读资源、用户需求、活动一体化为主的服务模式。以数据库为统一使用入口，设置了积分、书评等互动功能。通过数字阅读平台可以满足患者的阅读需求，实现个性化和针对性的阅读服务。

1. 设计原则

图书馆是文化建设的重要机构，也是传承和弘扬优秀传统文化的主要阵地，对于传统文化的创造性转化具有不可分割的作用。在图书馆管理工作中，结合传统文化进行数字阅读平台的构建时，需要遵循以下几点原则：首先是导向性原则，立足于读者的角度来优化阅读导航，使读者充分利用图书馆资源，推动数字阅读平台的建设工作。其次要方便读者的阅读服务，该平台建设要借助大数据技术来获取读者信息，为其提供更强大、准确的信息检索和利用功能。最后是灵活性的原则，在设计平台界面时，应重点突出新颖、简洁、大方、庄重、实用的特点，可以供读者自行选择界面风格。

2. 栏目设计

在图书馆的数字阅读平台系统中，需要设置多功能模块，如用户模块、资源模块、活动模块等，比如在用户模块中，要设计账号绑定与解绑、阅读记录、学习时长、活动记录、我的收藏、我的书评等项目，平台需定时公布阅读排行榜，时间可界定为每日、每月、每年，并制定相应的积分激励机制，鼓励读者自主阅读；在资源模块中，包含了巨大的数据库资源，以阅读和听书模块为重点内容，此外还包括图书、文献、期刊、报纸、视频、讲座等，可结合社会中的热点话题、节日、图书分类等，设计专题阅读服务，为读者的阅读活动提供多方导向；在活动模块中，可组织阅读推广活动，吸引读者并提高资源利用率，为数字阅读平台增加流量。同时，也可策划与主题相关的线上活动，比如影评、书评等；在进行信息资源的获取、采集、存储时，可利用 Word、HTML、txt 等格式来分类管理图书资源，并借助 PC 电脑、笔记本、手机等作为阅读载体，促进知识传播的有效性、便捷性。平台信息资源中包含了众多组成，如数字资源、纸质资源、自建资源、数字信息等，因此图书馆在存储资源时，需要对不同类型的资源进行采集、整理、储存和备份，尤其是采集存储付费资源时，应做好付费资源的合理接入，避免读者获取相关信息时出现差错。

3. 用户画像技术的功能与应用

数字化平台在引入用户画像技术时，首先要分析用户背景、性格、行为场景等信息，并以此为依据进行勾画设计，力求产品与用户需求相贴合。通过从海量用户的行为数据中抽取

用户信息，再将数据转化为商业价值。数字阅读平台通过微信小程序灵活接入微信公众号，在应用时要做到相对独立，促进资源在移动终端的自由切换，实现图书馆数字阅读的推广与应用。为了可以给读者提供更精准的阅读服务，也可在平台中引入用户画像技术，通过分析读者的浏览记录，对其阅读时长、阅读喜好、阅读习惯进行记录，实时、快速地描绘出读者画像，打造个性化、精细化的服务模式。

4. 创新阅读推广及转化方式

在构建数字化阅读平台系统时，需要遵循"立足当下"和"拓展传统文化"的发展思路，例如威海市环翠区图书馆在建立初期，便收集、整理和研究大量的文献及历史资料，通过运用大数据技术、云计算技术等手段，深入挖掘具有代表性的历史文化资源，丰富广大读者的精神思想。开展传统文化的创造性转化时，首先要意识到创新的重要性，健全并完善图书馆在数字化管理中的机制体系，一方面要设立相关机制，成立传统文化创造性转化工作的管理机构，明确图书馆的发展方向及特色资源，建立相应团队来负责文化创新的工作。另一方面也要科学设置管理机构。立足于实际情况，在充分调研基础上利用大数据来分析传统文化的特点及读者需求，收集相关资料并分析、编辑资料，积极开展以传统文化为主题活动的演讲活动，分析不同的受众群体并打造系列化的讲解课程。图书馆在实施创新工作时，应当以互联网平台为基础，通过降低信息获取门槛、拓展信息容量、加强信息交流等方式，借助网络平台广泛传播图书借阅、参考咨询、电子阅览等传统文化服务，推动精准阅读推广服务的实现。同时，图书馆还要抓住时代机遇，借助手机等移动便捷的平台载体，针对不同阅读习惯及年龄层次的读者用户，开展手机端的阅读推广活动，加强图书馆与读者的有效互动。及时发布并推送相关文化活动信息，增加阅读浏览量。

此外，还要提高图书馆人员的专业素养及服务水平。为了确保大数据时代图书馆数字化阅读平台的良好开展，还需加强技术人员的开发能力，推动信息化服务建设，完善数字化阅读平台的各项功能，提升用户数字化阅读体验。通过数据来分析用户需求及偏好，可以更符合用户的实际需求，这同样也是数字化信息服务的一个重要目标。

5. 构建图书馆数字阅读平台的特点及意义

图书馆构建数字阅读平台，主要具有以下几点现实意义：一是促进馆藏资源的完善建设，提高文献资源的利用率。图书馆通过筛选和整理本馆馆藏资源、共享数字资源、网络免费资源等，统一整合在数字阅读平台中，提高资源建设的应用水平。在建立统一的数字阅读平台入口后，也可以帮助读者用户进行阅读和使用，完善本馆文献资源的有效利用。二是强化图书馆的品牌建设，打造图书馆特色服务品牌。图书馆借助特色馆藏的应用优势，构建以大数据技术为基础的统一数字阅读平台，可以丰富本馆的特色服务，精准掌握不同读者的阅读需求，并为其提供针对性的阅读服务，从而吸引更多的读者来使用馆内资源，增强图书馆在读者心中的知名度与认同度，完善图书馆特色化品牌的建设服务。

构建数字阅读平台时，具有以下几个特点：一是多元化。具体表现在服务形式、资源类型等方面，如公开课、线上线下活动、图文电子书、音频听书等，可以为读者提供更多的阅读服务形式及资源类型。二是个性化。主要体现在个性化界面定制和个性化内容定制方面。首先，系统分析读者的阅读行为，如阅读习惯、阅读时长、阅读喜好等，清晰描绘出读者画像，为其提供个性化、实时更新的资源推送服务。其次，读者也可根据自身喜好，选择数字阅读平台的界面主题、界面布局、界面颜色等。三是共享化。在特定范围内，读者可加强对资源的合理利用，利用图书馆联合其他数字资源的机构，开展信息共建与共享服务。如借助微信、QQ、微博等第三方平台，帮助读者快速完成注册登录，开启一键进入的阅读模式。读者在获得登录授权后，可自行在数字阅读平台中读取所有资源，实现资源的分享，从而吸引更多的读者加入资源平台的使用建设中。四是互动性强。在该平台中具有较强的互动性，一般体现在活动参与、书评分享等方面。在数字阅读平台中，为每本图书都设置了点赞打卡、评论、章节分享等功能，读者根据自身需要来选择和使用。同时，通过设置活动专区，为读者用户提供活动评论、积分、每日签到等互动功能。读者按照兴趣爱好可以自建读书小组，或参与平台主办方制定的线上线下活动，参与活动可以领取相应的积分，升级并兑换激励礼包等。平台的趣味性强、互动性高，才能吸引更多的用户加入，建立图书馆与读者之间的友好关系。

第三节 物联网技术与智能化设施

物联网可以实现人与物、物与物之间的信息共享，可以作为感知基础而存在，同样物联网也是实现智慧联网的前提，而万物互联则是智联网的发展目标。对于物联网技术来说，可运用不同种类的传感技术，对物件进行准确识别、分析，如利用物联网技术可实现全球定位系统、射频识别 RFID 标签、红外感应器、激光扫描器等信息传感设备的应用，根据协议在互联网中接入不同物件，促进信息通信与交换，并对物体进行智能化识别、跟踪、定位、管理与监控。

射频识别（RadioFrequency Identification）简称 RFID，RFID 芯片与二维码、条形码很类似，具有识别、追踪两大功能。RFID 标签又称为电子标签、无线射频识别，属于现代通信技术的一种，利用无线射频通信可以实现非接触式自动识别技术，提高识别技术的准确性、便捷性，且无须识别系统和特定目标建立机械以及光学接触，借助无线电讯号的信息反馈就可以对特定目标进行识别、数据读写等功能作用。图书馆中对于 RFID 芯片的应用也比较广泛，尤其是智慧图书馆建设的硬件优化离不开芯片支持，主要表现在自助借还、定位导航、图书标识、智能盘点以及 24h 自助借还书亭等方面，并发挥出重要的场景作用。

物联网技术中还包括计算机视觉识别的功能应用，如"机器视觉"就是采用机器对人眼进行替换，进行相应的测量和判断处理。在机器视觉系统中，主要依靠机器视觉产品来收集图像信息，如图像摄取装置，包括 CMOS 和 CCD 两种，再将目标图像信息传输给处理单元，利用数字化处理进行判断和识别，其内容包括像素分布、亮度、颜色等信息，以便对尺寸、形状、颜色进行判定，根据结果科学控制现场设备及运行动作。

此外，图书馆的建设应用与管理在物联网技术中，还可以体现为如下方面：人脸识别、书籍识别、OCR 处理、智能门禁、智慧空间、RFID 管理、RFID 盘点机器人、通道捕捉、智能书车、咨询机器人等。

第四节	虚拟现实与增强现实在阅读与学习中的应用

1. 虚拟现实和增强现实技术的起源

虚拟现实技术（VitualReality），简称 VR 技术，最早起源于美国，是 1965 年虚拟现实之父伊凡苏泽兰在 IFIP 会议上发表的一篇论文中所提到，包括具有交互图形显示、力反馈设备、声音提示的虚拟现实系统，如今在现实生活中也可以经常见到该技术。在虚拟现实技术的研究初期阶段，苏泽兰在其达摩克利斯之剑系统中进行了三维立体的展示，增强现实（Augmented Reality），简称 AR 技术，具体指基于真实环境下提供信息性和娱乐性的覆盖。在 1989 年，VPL 公司提出使用"Virtual Reality"对虚拟现实进行表示，并将虚拟现实技术开发成相应的商品，以促进虚拟现实技术的应用与发展。该技术真正的兴起是源于 20 世纪 90 年代，在整合发展中引入 XML、JAVA 等先进技术，利用 3D 计算能力与交互式技术，加快传输速度，提高渲染质量，随后便步入了新的发展时代。因此，虚拟现实技术可以作为社会生产与经济发展的产物，具有十分广阔的应用前景。为了充分挖掘该技术的应用特征，获得虚拟现实技术的应用优势，各个国家及政府、公司都花费巨资对技术该领域进行发掘、研究，我国是于 20 世纪 90 年代初对虚拟现实技术进行研究的，受到计算机系统工程、计算机图形学的应用影响，虚拟现实技术也得到了更高的关注与重视。根据相关纲要文件可知，新时期需要涌现一批新兴前沿领域创新产业及产业化，如推进机器人创造、先进半导体、智能系统、智能交通、精准医疗、分布式能源系统与高效储能、虚拟现实与互动影视等，在大力发展重要新兴核心科技的同时，也要注重深入探索和研究虚拟现实和增强现实技术。现阶段，在国家广告研究院等多家机构联合发布的文件中显示，目前国内 2016 年上半年拥有虚拟现实潜在用户达到了 4.5 亿，浅度用户也有 2700 万，重度用户 237 万，这也意味着虚拟现实市场很可能会在国内出现爆发式增长。而且，通常是 80 后和 90 后群体为主，这些是虚拟现实用户的主要群体，年龄多为 26—30 岁之间的 85 后，占据总人数约为 28.4%，最主要的原因是该类群体喜欢接触、了解新鲜事物，从最初的北上广等经济发达城市，也慢慢向全国进行扩散发展。

2. 虚拟现实和增强现实的概念、特征及应用领域

2.1 虚拟现实技术

虚拟现实技术中融合了多种信息技术，如传感技术、多媒体计算机技术、仿真技术等，是由各种技术形成的一种沉浸式交互环境。通过应用计算机技术生成逼真的虚拟环境，此环

境在特定范围内包含了视觉、听觉、触觉等，借助必要设备与自然方式与虚拟环境中的对象产生交互影响，使人形成一种亲临的真实环境感受与体验。对于虚拟现实技术来说，总共包含了3个基本特性，也就是沉浸性(Immersion)、交互性(Interaction)、构想性(magination)，属于多学科高度综合交叉的科学技术领域。现实生活中，通过将虚拟现实技术和人工智能进行结合，也会具有智能(Intelligent)和自我演进演化(Evolution)的基本特征。例如研发出的头戴式虚拟现实设备就是多技术综合应用的产品。

在虚拟现实技术中也涵盖了众多学科领域，可以作为未来社会科技发展的一个重要方向，该技术可以基于人的感觉系统上，对现有的空间感环境进行改变。根据产业链类型可将其分为硬件设计开发、软件设计开发、资源设计开发、资源运营平台等类别。利用虚拟现实关键技术，可以打造出"虚拟现实+"的产业化发展，促进社会各行业及产业的虚拟现实应用系统，推动多行业实现升级换代式的前进式发展，这也为网络与移动终端应用创造了前所未有的发展空间。比如虚拟现实技术在装备制造、教育培训、国防军事、航空航天、医疗健康、商务消费、社交生活、休闲旅游、智慧城市、文化娱乐、公共安全、电视直播等领域中都有所涉及，并获得了良好的应用与发展。再比如，中央电视台于2016年10月17日采用虚拟现实全息技术、虚拟追踪技术对交会对接过程进行直播，并使观众身临其境地感受到"天宫二号"从大屏幕中"钻"出来的感觉，利用机位景别变换，可以了解到相关数据及设计细节，并观察其组合体内部构造与控制面板，通过带领观众模拟走进"天宫二号"的实验室，为其介绍内部结构信息，给人一种强烈的视觉冲击力，这是传统新闻播报中不能比拟的，利用虚拟现实技术可以使电视直播更形象、生动，从而带给观众更独特的直观体验。

2.2 增强现实技术

在虚拟现实技术的基础上，进一步发展了增强现实技术，也属于现代新兴技术的一种。增强现实技术中同样包含了很多技术内容，如网络的跟踪与定位、计算机的显示与交互等等，可以使计算机形成的虚拟信息叠加到现实中的真实场景，从而对现实世界进行补充，并从视觉、听觉、触觉等角度对现实世界的体验进行增强。对于增强现实技术来说，包括三维配准、虚实结合、实时交互这3个主要特点，同时也包含了3种呈现显示方式，按照眼睛距离从近到远可分为空间展示(spatial)、手持式(hand-held)以及头戴式(head-attached)。

增强现实技术的应用领域十分广泛，举例来说，在教育领域中运用增强现实技术，能够呈现出全息图像、虚拟实验、虚拟环境等环境；在旅游业中运用增强现实技术能够帮助游客自助游玩景区，并采用虚拟影像的方式，对景区概况、人文景观、发展历史等方面进行展示；对于零售业来说，运用增强现实技术能够完成一键试穿的功能，为网上销售创造了强大的应用空间。此外，增强现实技术还在医疗、军事、工业、电视、游戏、展览、市政等领域中具有更广阔的应用前景。

2.3 混合现实技术

基于上述两种应用技术，又研发出混合现实技术(Mixed Reality)，以下简称MR，这也是虚拟现实技术的创新发展形式。MR 技术可以在现实场景中构建出虚拟场景信息，并整合现实世界、虚拟世界与用户这三者之间的关联，建立起交互反馈的信息回路，增强并优化用户的真实体验。同样，在混合现实技术中也融合了增强现实技术与虚拟现实技术的各自优势，更加完整的体现出增强现实技术的功能作用。分析史蒂夫曼恩的理论知识可知，增强现实技术会逐渐向着混合现实技术进行过渡，如智能硬件的应用。这二者的区别在于，混合现实技术可以借助摄像头观察到裸眼无法看到的现实，而增强现实技术只能够对虚拟环境进行叠加处理，但是无法展示出现实本身。

2.4　扩展现实技术

将人联网与物联网进行整合，便是扩展现实技术 (Expander Reality)，以下简称 ER 技术，这是虚拟现实发展的高级阶段，可以让人们无法分辨出究竟是现实世界还是虚拟世界，并逐渐从虚拟现实发展为扩展现实的阶段，等同于抹去了现实与虚拟的边界。

2.5　区别与联系

以上所提到的虚拟现实技术、增强现实技术、混合现实技术与扩展现实技术，都存在各自的联系与区别，其中虚拟现实的主要功能是"虚拟世界"，利用虚拟现实设备，可以对人为因素建立的虚拟世界进行探索，比较注重追求沉浸感；虚拟现实技术更偏向于纯虚拟数字画面；增强现实技术的主要功能在于"现实世界"，也就是利用增强现实设备所产生的虚拟信息，增强探索现实世界的能力，因此具备较强的移动属性；增强现实中，通常指虚拟数字画面与裸眼现实进行混合应用；混合现实从概念定义上分析，是增强现实和混合现实的有机结合，也就是指数字化现实与虚拟数字画面的结合应用，所以存在"一半现实"、"一半虚拟"的影像空间；扩展现实则是虚拟现实发展的高级阶段，可以使现实和虚拟的边界产生模糊效应，属于人联网与物联网的整合运用技术。

3. 虚拟现实与增强现实在阅读学习中的具体应用

不管是虚拟现实技术还是增强现实技术，在阅读学习中都有广阔的应用空间，且应用潜力巨大。如激发阅读学习动机、创设阅读学习情境、增强阅读学习体验、跨界知识融合、感受心理沉浸、跨越时空界限、动感交互穿越等多方面，同时也可以为阅读用户提供全新的服务工具，不仅能够激发公众的知识学习兴趣，也可以使用户在动手体验中迸发出创新创造的火花。由此可见，将虚拟现实技术与增强现实技术融合并运用于图书馆教育行业中，也是未来图书馆创新发展的新界点。通过积极营造出自主学习的新环境，使传统图书馆转变为新型信息化环境与接受学习教育的工具，帮助人们不断获取知识与技能，完善自身的阅读学习方式。此外，虚拟现实和增强现实的设备分很多种，以下对各种设备在图书馆学习教育中的具体应用展开介绍。

3.1　头戴式虚拟现实和增强现实设备在阅读学习中的应用

头戴式虚拟现实设备中包括众多组成结构，如头戴式显示器、位置跟踪器、数据手套以及其他设备等，可以分成分体式虚拟现实头盔、移动虚拟现实头盔这 2 种形式。目前在国外有多个虚拟现实头盔产品的研发公司，比如脸谱、谷歌、微软、三星等，在国内拥有 100 多种虚拟现实头盔产品，其研发公司有微视酷、中兴、乐视、华为、蚁视、暴风魔镜、小米等。根据国内外的研究报告可知，虚拟现实教育实践中，虚拟现实技术与增强现实技术涵盖了多学科内容，如化学、生物、物理、语言、历史、人文地理，以及各工程领域如工程技术、工艺加工、飞行驾驶、文化习俗等。

在图书馆的阅读学习中，人们可使用头戴式虚拟现实设备，产生身临其境的沉浸式体验，阅读书本中的内容是可以进行触摸、互动、感知的。比如在地理学科知识领域中，有关于宇宙太空星际运行的学习内容，但是人们在现实生活中是不能自主遨游太空的，如果戴上头戴式虚拟现实设备，便可以从不同角度近距离观察行星、恒星和卫星的运行轨迹，了解到不同星球的地表形状及内部结构，甚至还能够降落在火星、月球上进行实地考察，真实体验到星际之旅的乐趣。例如微视酷在 2016 年推出虚拟现实课堂教学系统，具有较强的代表性，可以由主体采用平板电脑进行操控，借助虚拟现实眼镜、IES 教育软件系统等组成，实现控制虚拟现实眼镜教育内容的作用。同时，微视酷也制定了"VR 课堂 1 工程"的实施计划，该计划已经跨越全国多个省市，如陕西省榆林市高新小学开展了"神奇星球在哪里"的虚拟现实示范教学观摩课情景，给学生创造了从现实世界再到虚拟世界的情景经验，使学生化身为宇航员，观察到很多日常生活中无法看到的事物，这是传统课堂教学中不能做到的。虚拟现实课堂可以提供身临其境的感受，同时也可以激发想象力，提高学习的积极性。

目前头戴式增强现实装置代表产品及公司有：微软 HoloLens、MagicLeap、Meta2 等，都可以产生酷炫体验感，使用户在图书馆中阅读并观看虚拟电视，或者是将影像投影在墙上、手机屏幕甚至是面前空气中。增强现实设备的应用，可以良好取代传统的显示器和屏幕，人们可以摆脱电脑、手机、键盘、鼠标、显示屏幕等，使用双手便可在空气中进行功能操作，悬空操作也可完成机器人的 3D 建模设计工作，为生活及生产创造提供更大的便利条件。

3.2 桌面式虚拟现实与增强现实设备在阅读学习中的应用

美国 zSpace 公司研发出虚拟现实教育一体机的设备，这是桌面式虚拟现实与增强现实设备的典型代表。自 2013 年起美国便运用 zSpaceZ300 作为第三代产品，同时也开发出多门学科的课件系统，所有课件会分布在不同软件中，利用系统平台自带课件进行开展教学计划，或者是创造性地自主开发新课件。对于教育教学来说，zSpace 一方面可以作为教学工具而存在，另一方面也可以作为资源信息的载体，为学生和老师提供更多元、丰富的素材资源。现如今，美国很多学校及学生都在使用 zSpace STEAM 实验室课件组织学习。在国内，云尚互动公司也在 2015 年年底引入该产品技术，并在之后推广和普及"智创空间"，将其应用于创客教育和 STEAM 教育领域中，据统计共有 2700 多人次参与体验学习。在该系统平台中，也具有课件资源开发系统的功能，教师可按照不同格式在系统中导入 3D 模型文件，添加文本、图片、声音、视频等资源，与制作 PPT 课件很类似，同样也可以进行修改和自主开发。Z300 平台的使用方法包括：一是戴上 3D 眼镜，其中包括追踪和非追踪眼镜，戴追踪眼镜者使用激光笔进行操作，而戴上非追踪眼镜能够观察到 3D 虚拟现实效果。二是增加全息摄像头和平板电脑，Z300 设备的 3D 影像会叠加投射到平板电脑上，并为人们呈现出裸眼 3D 的增强现实效果。

3.3　手持式虚拟现实与增强现实设备在阅读学习中的应用

手持式增强现实设备有很多，如 AR、4D 书城、幻视、视视 AR 等等，是由移动设备与 APP 软件进行组合，与之相对应的还有配套的 APP，例如《机器人跑出来了》《实验跑出来了》《恐龙争霸赛来了》等系列，目前增强现实科普读物有 iRobotAR、iScienceAR、恐龙争霸赛来了等多个 APP，其应用原理是运用手机摄像头对现实世界影像信息进行获取，借助手机载体进行现实世界的叠加虚拟处理，达到增强现实的特殊显示效果。在图书馆学习教育中，也提供了更加丰富的教育资源，例如科普读物、安全教育、益智游戏、识字卡片等，比较适合儿童教育。该设备的使用方法包括 2 类：一是将手机 APP 与相配套的纸质图书进行使用，利用手机摄像头对书中图片进行扫描，在屏幕上可显示出相应的演示效果；二是借助 APP 下载增强现实资源，再将其与外界实景叠加，以呈现出相应的展示效果。从展示效果上分析，增强现实特效更逼真，借助此类 APP 设备进行阅读学习，可以提高人们的真实感、体验感、沉浸感，提高对知识学习的兴趣，实现寓教于乐的教育目的。

3.4　虚拟现实与增强现实技术在阅读学习中的应用优势

图书馆阅读学习中，虚拟现实与增强现实技术的应用，为人们提供了自主学习的有利条件，根据技术设备的差异性，可将教学资源保存在图书馆运营平台及相关移动设备中，人们可以在不同区域环境中利用不同设备进行随时随地的自主学习。同时，也可以对相关资源及阅读内容进行介绍、理解，帮助图书馆工作人员从繁重的重复性讲解中进行解脱，并为阅读用户提供针对性地答疑解惑，可以促进图书馆服务功能的个性化与多样性。

在传统的图书馆阅读服务中，进行知识学习时只能通过文字、图片、音频介绍等方式，一旦遇到比较复杂的知识内容或解说工作时，工作人员或阅读用户很难充分用语言对相关知识点及概念进行明确表达，考虑到不同人具有理解力的差异性问题，可采用虚拟现实技术与增强现实技术进行混合使用的方法，将相关复杂知识内容以三维立体效果进行呈现，弥补此类不足和缺憾，促进图书馆阅读知识的立体化，使人们可以更加直观的体验到文字无法表达的知识，通过营造真实情景帮助人们学习文化知识，感受不同时代背景下的历史人文，促进理解和记忆，同时也可以激发想象力。

对于虚拟现实与增强现实技术来说，拥有集视觉、听觉、触觉于一体的感知效果，不仅可以享受真实情境带来的空前体验，也可以跨越时空界限与古代文化背景形成互动，增强动感交互、穿越的感受，帮助人们在书海中遨游，使得阅读书本中的内容实现可触摸、可互动、可感知的目的。这种自然丰富的交互感受与体验，既可以激发阅读学习者的学习动机，也可以给阅读学习者提供更多亲身观察、操作、合作学习的平台机会，增强人们的认知加工过程，帮助人们了解知识建构的过程，有助于实现深层次的阅读理解。传统的图书馆学习途径比较匮乏，人们很可能因各种原因导致阅读兴趣降低，而采用虚拟现实和增强现实技术后，可以极大地丰富图书馆阅读学习的途径，开拓新颖的阅读方式与阅读内容，增大了图书馆阅读的趣味性，为学习新知识提供不竭动力。

利用虚拟现实和增强现实技术，也可以促进优质资源的均衡化，虽然我国幅员辽阔、地域资源比较丰富，但是地区之间的贫富差距很明显，一直存在着资源分配不均匀的问题。对于发达地区来说，图书馆建设条件相对优渥，资源内容比较丰富，可是经济落后或地区偏远的环境下，往往连最基本的教育也很难实现。对此，各级政府及相关部门都应当大力推进图书馆教育的均衡发展，增大图书馆教育的投资力度，加强对虚拟现实和增强现实技术的有效应用，科学解决城乡教育资源分布不均衡的问题。实施该技术后，能够缓解教育资源的两极分化现象，拓宽优质资源的分享范围，使教育资源不再受地区、学校等因素的限制，全面推动虚拟现实和增强现实技术可以走进偏远地区，从整体上优化图书馆教育资源的配置，尽可能缩小城乡差距，促进教育资源的公平化。

4. 虚拟现实和增强现实技术在阅读学习中存在的问题

在图书馆学习教育中应用虚拟现实和增强现实技术，能够改变传统的教学方式，提高人们的阅读学习兴趣，有效促进教育均衡发展，但在实际发展中尚且存在较多的应用问题，还处于初级应用阶段，尤其是技术瓶颈、资源开发、推广普及等方面有许多问题需要解决。

4.1 虚拟现实设备应用中的眩晕问题

根据图书馆应用反馈可知，人们在使用虚拟现实设备时，很容易产生眩晕感，尽管硬件结构正在不断优化和完善，但是依然无法达到高度还原真实场景的效果，很多用户在使用相关设备时，如果没有达到要求的虚拟现实产品，就会出现这种眩晕感。考虑到虚拟现实界面中的视觉反差很明显，与人的大脑运动无法正常匹配，所以很容易影响大脑对所呈现影像的分析、判断，进而出现眩晕感。同时，虚拟现实设备中的内容资源有部分需要从 PC 电脑版进行移植，UI 界面无法良好匹配虚拟现实设备，对于系统处理很难达到充分协调的状态，用户很难有效接受画面感光线太强或太弱的问题。这种眩晕感也来自虚拟现实设备帧间延迟的影响，当其运行跟不上人的运动时，也会出现微小的延迟感，也就是感官和帧率没有实现同步，此时眩晕感也很明显。

4.2 虚拟现实和增强现实技术的资源短缺问题

当前图书馆应用虚拟现实和增强现实技术尚未深入，该技术也刚起步，所以软硬件设施都未能得到完善，很多图书馆未配备虚拟现实和增强现实技术的设施设备，而且部分图书馆员没有真正接触过虚拟现实和增强现实的技术操作，所以更难充分开发虚拟现实和增强现实的教育资源。随着虚拟现实和增强现实技术的深入研究与运用，图书馆必须要紧跟社会发展的实质，及时更新传统技术并积极引入创新手段，丰富图书馆的阅读形式与内容，这也是未来建设智慧图书馆的必然要求和发展趋势。

4.3 虚拟现实和增强现实平台及资源设计不注重实质

目前存在大部分虚拟现实教育平台系统只是基于虚拟现实软件基础上，对图书馆服务模式进行更新优化，人们在虚拟世界中可以享受乐趣，气氛比较融洽，但这只是表面上的沉浸式体验，也有部分虚拟现实教育平台只是将系统功能停留在图书馆知识介绍、讲解等方面，没有注重对系统平台及资源的创新设计，导致资源内容比较单调和枯燥，而且对图书馆知识要点的讲解缺乏生动化、针对性，只关注表面形式而不重视实际内容，与真正意义上的虚拟现实图书馆没有实现和谐统一。

4.4 虚拟现实和增强现实技术设备的价格高、普及困难

对于当前社会企业的发展来说，对虚拟现实和增强现实技术设备的前期研发成本较高，但是设备销售量很低，也有部分销售产品的价格居高不下，很多图书馆会因价格等问题出现无力购买的现象，这种售价高昂的虚拟现实和增强现实设备，很难实现全面普及与应用。例如 zSpace Z300 最初在我国引入便售价 20 多万元，就算是普通头戴式虚拟现实设备的价格也达到了 2000—5000 元。多数虚拟现实软件还存在较多问题，如通用性差、易用性差、语言要求专业性强等问题。受到各种因素的影响，对虚拟现实软件的开发会花费更高成本但效果不明显。除此之外，在其他信息技术领域中也存在类似问题，如人工智能、新型传感应用、物理建模、高速图形图像处理等等，也是急需深入研究和解决的棘手问题。以上诸多因素的限制影响，导致图书馆普及该技术时明显受到制约，因而出现停滞不前的状态。

5. 虚拟现实和增强现实技术在图书馆应用中的前景展望

5.1 虚拟现实和增强现实技术发展对未来图书馆开展形式的影响

现如今的社会已经步入信息化时代，各种科学技术迅猛发展，尤其是基于云计算、大数据、物联网、"互联网＋"、人工智能等技术背景下，更要加强对虚拟现实和增强现实技术的融合使用，通过将其与人工智能、大数据、物联网进行结合，可以促进技术应用更加丰富、多元、高效。有相关国际数据公司展开分析预测，以消费者为导向，未来很可能有 30% 的企业会在营销活动中对虚拟现实和增强现实技术进行试验，这也意味着该技术很可能获得大规模投入，未来全球很可能有超过 10 亿人利用该技术平台经常访问应用程序和数据。

如果虚拟现实和增强现实软硬件设备的性能得到提升，其价格对应降低，未来会有更多的企业投资公司进行深入开发，并让虚拟现实和增强现实技术真正进入社会各行各业中，实现大面积应用与普及。其自身具有的超级体验感优势，会使各个行业发生巨大变化，如构想性、虚实结合、沉浸性、交互性、实时交互、三维配准等，甚至会颠覆传统形式及途径方法，因此具有十分广阔的应用前景和潜力。

5.2 虚拟现实和增强现实技术发展对教育效率的提升

利用虚拟现实和增强现实技术，使图书馆服务与教育进行结合，可以提高未来教育的实施效率。传统教学模式中，教师多采用统一方式给学生进行讲解，这种灌输式、无差异的教学方式不能更好地满足学生需求，通过应用虚拟现实技术后，可以促进教育教学的个性化、

自主式、体验性，让学生真正处在虚拟环境中，甚至可以在情景中与虚拟环境中的老师进行交流和互动。同时，传统课堂中是"一对多"的教育形式，而构建虚拟现实课堂可以为教师及学生提供多个学习空间，在每位学生面前都有属于自己的"导师"，并对静态文字、图片等期刊读物进行立体化处理，提高阅读的互动性、趣味性，通过创设真实有趣的教育环境，应用 3D 模型使学习内容形象化，促进学生更深层次的理解和识记相关知识，有效掌握抽象知识，为学生展现交流互动的虚拟世界，满足学生的好奇心与体验感，促进教育模式的创新发展，提高教师的教学效果，在激发学生学习兴趣的同时，也能够良好提高学生的学习效率。

5.3 虚拟现实和增强现实技术发展对未来教育的创新

通过创设多形式的数字内容与虚实结合的情景，可以强化教育的沉浸感、存在感，虚拟现实和增强现实技术可以促进虚拟场景与现实世界的融合，利用穿越时空的方式展开互动，提高动手操作能力，增强感性认知并激发创新意识，培养自主探究与学习的能力。在创客教育、STEAM 教育中，虚拟现实和增强现实技术都可以作为技术载体，为创客学习提供保障条件，使人们在创客空间中主动探索、创新设计、动手实践、跨界融合，不断学习新知识，掌握新的应用技能，真正实现"玩中做、学中做、做中学、做中创"的目的，拓展发散性思维，不断创造出更新颖、更丰富的创客作品。

未来三大科技创新方向中，除了大数据分析和人工智能外，就是虚拟教育（VR 教育），通过结合移动技术、云计算等更多高新科技元素，可以推动虚拟现实和增强现实技术的优化发展。虚拟现实和增强现实学习环境不只是作为一个技术平台或工具而存在，在此基础上还可以孕育出更先进的发展模式与方法。将该技术广泛地应用到教育教学中，对构建"智慧教育改革"的设想有积极的影响意义。真实环境与虚拟对象的结合，可以产生更强烈的交互性，从而为人们提供更便捷的学习媒体和学习体验，全面实现移动学习、自主学习、项目学习、创客学习等多种形式。

第四章

数字化资源管理与用户体验

在智慧图书馆的发展中，数字化资源的管理和用户体验的优化成为关键的议题。本章将从不同方面探讨数字化资源的管理以及如何通过个性化推荐、智能搜索和用户界面设计来优化用户体验。

第一节 数字化文献馆藏管理与开放获取

　　智慧图书馆通过数字化技术将传统的纸质文献进行数字化处理，使其可以在网络上进行存储、管理和传播。这种数字化的文献馆藏管理不仅节省了空间和成本，还使用户能够随时随地访问所需的文献资源。此外，智慧图书馆也积极参与开放获取运动，提供免费的数字化资源，促进知识的共享和传播。

一、数字化处理与存储

　　智慧图书馆借助数字化技术，将传统的纸质文献转化为数字形式。通过扫描、拍摄等方式，文献资源被转换成电子文件，存储在服务器、云存储等数字平台上。这种数字化处理使得文献馆藏的管理更加高效，消除了纸质文献的空间占用和保管难题。

1.数字化技术的应用

　　在智慧图书馆中，数字化技术的应用发挥着关键作用，它通过将传统的纸质文献转化为数字文件，为文献馆藏的管理和传播带来了革命性的变革。以下将深入探讨数字化技术在智慧图书馆中的应用，以及所带来的重要意义。

　　智慧图书馆借助先进的数字化技术，如扫描、拍摄等，将传统的纸质文献转化为数字形式。这一转变将丰富的知识资源转化为电子文件，涵盖了多种形式的文献，如电子书籍、期刊文章、报纸剪报、历史档案等。数字化技术的应用使得这些宝贵的文献资源得以得以永久保存和存档，不受时间和环境的侵蚀，为后代提供了可靠的文献遗产。通过数字化技术，纸质文献得以保存在数字平台上，消除了传统纸质存储方式所面临的空间占用和保管难题。数字化文献可以存储在服务器、云存储等数字平台上，无须实体空间，大大节省了图书馆内部的物理空间。这不仅提高了文献馆藏的管理效率，还有助于环保，减少了纸张等资源的使用。此外，数字化技术的应用还使得文献资源可以通过互联网进行便捷的访问和传播。用户只需通过网络连接，便能随时随地获取所需的文献信息。这种便捷性大大扩展了文献的受众范围，使知识传播更加普惠化。不再受限于实体图书馆的开放时间和地点，用户可以在任何时候通过智慧图书馆的数字化平台获取知识。

　　数字化技术的应用在智慧图书馆中具有深远的意义。它不仅使得传统的纸质文献得以永久保存和传承，还提高了文献馆藏的管理效率和传播范围。数字化技术将智慧图书馆推向了更广阔的发展空间，为知识传播和文化创新提供了有力的支持。

2. 高效的管理与维护

在智慧图书馆中，数字化处理不仅使文献馆藏的管理更加高效，还为维护文献资源提供了便捷的途径。通过数字化技术，纸质文献得以转化为数字文件，从而实现了高效的管理和维护。

数字化文件的管理在智慧图书馆中变得更加便捷。这些数字文件可以通过信息管理系统进行分类、标记和索引，使其更易于检索和定位。传统的纸质文献可能需要经过繁琐的手工整理和分类，而数字化文献可以通过自动化的方式实现更精确的分类和索引，极大地提高了文献管理的效率。图书馆管理员可以借助这些管理系统轻松地对文献资源进行整理、更新和维护，确保其长期的可用性。

相比于传统的纸质文献，数字化文献的维护更加方便。纸质文献可能受到时间、环境和人为因素的影响，容易受损、破损或遗失。而数字化文献可以进行定期的备份和存档，避免了这些问题。如果某份数字化文献因为某种原因被损坏或丢失，图书馆可以轻松地从备份中恢复，不会丧失重要的信息资源。此外，数字化文献的修订和更新也更加便捷，图书馆可以随时对文献进行修订和更新，确保用户获取到最新、准确的信息。

另一个重要的优势是数字化文献的易分享性。数字化文件可以轻松地通过网络进行共享和传播，不受时间和地点的限制。这使得图书馆可以更广泛地与其他机构或个人合作，共享资源，促进知识的共享和传播。而传统的纸质文献在共享过程中可能需要进行复制、邮寄等繁琐的步骤，限制了资源的流动。

数字化处理为智慧图书馆的文献馆藏管理和维护带来了高效性和便捷性。通过信息管理系统的应用，数字化文献得以精确分类和索引，管理员能够轻松进行管理和更新。数字化文献的备份和共享优势，也为图书馆的资源管理和知识传播提供了强有力的支持。

3. 节省空间与资源

在智慧图书馆中，数字化处理不仅带来了文献管理的高效性，还有效地解决了传统纸质文献所带来的空间和资源占用问题。这一点对于图书馆的可持续发展和环保意义重大。

纸质文献的存储通常需要大量的物理空间。图书馆为了容纳众多的书籍、期刊和其他文献资源，需要提供大面积的书架和储存空间。这不仅增加了建筑和设施的投资成本，还限制了图书馆的扩展和发展。然而，通过数字化技术，这种空间占用问题得到了极大的缓解。数字化文献可以被储存在服务器、云存储等数字平台上，无须实体空间来存放。这样一来，图书馆可以将原本用于储存纸质文献的空间重新规划和利用，创造更加灵活多样的使用环境，提升空间的利用效率。

此外，数字化处理还对资源的可持续利用产生了积极影响。纸张等传统媒介的生产需要消耗大量的自然资源，而数字化文献的存储和传播无须大量的纸张和印刷设备，从而减少了资源的使用。数字化处理不仅降低了印刷成本，还有助于保护森林资源，减少环境污染。这与当前全球倡导的可持续发展理念相契合，智慧图书馆以其数字化文献处理的方式，为资源保护和环境保护作出了积极贡献。

数字化处理为智慧图书馆带来了显著的空间和资源节省效益。通过将纸质文献转化为数字文件并存储于数字平台，图书馆消除了传统媒介所需的大量实体空间，提高了空间的利用效率。同时，数字化处理也有助于保护自然资源，减少环境负担，体现了智慧图书馆在可持续发展方面的责任和意义。

4. 便捷的访问与传播

数字化处理在智慧图书馆中引入了便捷的访问与传播方式，通过互联网连接，用户可以轻松地获取所需的文献信息。这种便捷性不仅在传统的图书馆建筑内得以体现，更在全球范围内扩展了文献的受众，从而深刻地影响了知识的传播和获取。

传统的纸质文献需要读者前往图书馆实体建筑，在规定的开放时间内查阅。这限制了许多人的访问，特别是那些时间有限、地理位置不便的用户。然而，随着数字化处理的应用，文献资源不再受地域和时间的限制。用户只需通过网络连接，就可以随时随地访问智慧图书馆的数字化文献资源，从而充分发挥了数字化技术的优势，提供了更加灵活的知识获取方式。这种便捷的访问方式，尤其受益于那些远离图书馆的人们，使他们也能够轻松获取所需的信息，实现了知识的普惠化。

此外，数字化处理也使得文献的传播更加高效。纸质文献的传播需要经过印刷、分发等环节，耗时耗力。而数字化文献可以通过互联网迅速传播，只需一次数字化处理，就可以让文献资源在全球范围内被访问和共享。这种高效的传播方式有助于加快知识的流通，促进了学术交流和合作。同时，数字化文献的传播也具有环保特点，减少了纸张印刷和运输所带来的资源浪费和污染，体现了数字化技术在可持续发展方面的优势。

数字化处理使得智慧图书馆中的文献资源可以通过互联网便捷地访问和传播。这种便捷性不仅扩展了文献的受众范围，使知识获取更加普惠化，还加速了文献的传播效率，促进了学术合作和环保理念的实现。数字化技术在这一领域的应用，为知识的传播带来了前所未有的便利和可能性。

二、网络存储与传播

数字化文献馆藏可以在互联网上进行存储和传播，使得用户可以随时随地访问所需的文献资源。无论是学术论文、报纸杂志还是历史档案，用户只需通过网络连接，即可获取到丰富的信息资源。这种便利性和普遍性改变了用户获取知识的方式。

1. 便捷的访问方式

随着数字化技术的不断发展，智慧图书馆在数字化文献馆藏的管理与开放获取方面取得了重大进展。其中，网络存储与传播作为关键环节，为用户提供了便捷的访问方式，从根本上改变了用户获取信息的方式和体验。

数字化文献馆藏的网络存储与传播，极大地提升了用户获取信息的便利性和灵活性。以往，用户可能需要亲自前往图书馆建筑，进行实地检索和阅览，这不仅耗费时间，还受制于地理位置和开放时间的限制。然而，随着智慧图书馆数字化转型的推进，用户现在只需连接互联网，便能随时随地获取所需的文献资源。不再局限于图书馆的物理空间，用户可以在家中、办公室或任何拥有网络连接的地方，通过数字平台访问和阅读文献，极大地提高了信息获取的便利性。

这种便捷的访问方式不仅有助于个人用户，也对教育、学术研究、商业创新等领域产生了积极影响。教育机构可以为学生提供更加便利的学习资源，学者可以更加方便地进行学术研究，企业可以更加迅速地获取市场信息和竞争情报。数字化文献馆藏的网络存储与传播，实现了知识的普惠化，使更多人能够受益于知识的传播与共享。

此外，这种便捷的访问方式也为知识的跨界交流和合作提供了机会。不同领域的专家和学者可以在全球范围内轻松获取并分享彼此的研究成果，促进了知识的交流与合作。数字化文献馆藏的网络存储与传播，将知识的壁垒逐渐消除，为多领域的合作和创新创造了更加宽广的平台。

数字化文献馆藏的网络存储与传播，通过提供便捷的访问方式，彻底改变了用户获取信息的方式和体验。它使用户能够随时随地获取所需的文献资源，不再受制于地理位置或时间限制，促进了知识的普惠化、跨界交流和合作，为知识社会的发展做出了积极贡献。

2. 开放获取的推动者

数字化文献馆藏在互联网上的开放获取，成为知识共享的强力推动者。智慧图书馆通过建立在线数据库、数字图书馆等数字化平台，积极地向公众免费提供丰富的文献资源，从而推动了知识的广泛传播和社会的教育发展。

首先，这种开放获取模式突破了传统知识获取的限制，让知识不再局限于狭窄的学术圈子，而能够更广泛地触达社会大众。通过数字化技术，智慧图书馆将大量的学术论文、期刊文章、报纸剪报等文献资源免费公开，使用户无须付费就能够获取这些宝贵的知识资产。这对于学生、研究人员、教育者以及普通公众都具有重要意义，不仅促进了知识的传播，也为个人学习和社会创新提供了更广阔的资源。

其次，开放获取模式有助于推动学术研究的发展。通过免费开放的数字化文献馆藏，研究人员可以更方便地获取他人的研究成果，加速了知识的积累和交流。学者们可以更迅速地了解前沿研究，拓展研究领域，促进学术创新。此外，开放获取也增加了学术论文的曝光度，使研究成果更容易被引用和传播，进一步提升了学术的影响力。

教育领域也受益于开放获取模式。教育者可以通过数字化文献馆藏获取丰富的教育资源，为教学活动提供更多元、深入的内容支持。教材、课件、案例等可以通过开放获取模式免费分享，为教育教学提供了更丰富的素材和工具，提升了教学质量。

数字化文献馆藏在互联网上的开放获取，为知识的共享提供了强大的推动力。智慧图书馆通过建立在线平台，免费向公众提供文献资源，不仅扩大了知识的传播范围，也促进了学术研究和教育教学的发展。这种模式的推动者，为知识社会的繁荣与进步贡献了积极力量。

3. 知识传播的加速

互联网传播在数字化文献馆藏的管理中，加速了知识的传播速度。一旦文献资源被数字化处理并存储在互联网上，它们就可以在短时间内被多个用户访问和传播，从而在全球范围内迅速传达知识。

这种高效的传播方式首先缩短了信息传播的时间跨度。传统的纸质文献需要花费大量的时间在印刷、分发等环节上，使得知识传播存在一定的滞后性。而数字化文献馆藏通过互联网传播，几乎可以实现即时访问和传播，使知识能够在短时间内覆盖更广泛的受众。无论是学术论文的发表、新闻事件的报道，还是文化活动的推广，都能够在第一时间通过网络传播，加速信息的传递。其次，高效的互联网传播有助于促进学术和文化的发展。研究人员可以迅速获取最新的研究成果，了解领域内的前沿动态，从而推动学术创新。学术论文的开放获取使得知识更容易被引用、评审和交流，促进了学术界的合作和共享。在文化领域，数字化文献馆藏的快速传播有助于推广文化活动、展览、艺术品等，让更多人能够参与其中，丰富了文化体验。另外，高效的传播方式还有助于加强社会的信息互通。信息在互联网上的传播不受地理和时间限制，使得不同地区的人们可以迅速了解全球各地的事件、发展和观点。这种跨越时空的信息传递促进了不同社会之间的交流与合作，推动了全球化进程。

互联网传播在数字化文献馆藏的管理中，极大地加速了知识的传播速度。高效的传播方式缩短了信息传递的时间跨度，促进了学术和文化的发展，加强了社会的信息互通。这种高速传播的特点，对于知识社会的繁荣和进步具有重要的推动作用。

4. 多样化的资源形式

通过网络存储，数字化文献馆藏能够以多种丰富的形式呈现给用户，这种多样化的资源形式为智慧图书馆的发展带来了更广泛的影响力和吸引力。不再局限于纸质文献的单一形式，数字化技术使得文献馆藏能够以电子书籍、期刊文章、图片、音视频等多种媒体形式进行呈现，从而满足了不同用户的多样化需求。

首先，数字化电子书籍为读者提供了便捷的阅读体验。用户可以通过智能手机、平板电脑、电子阅读器等设备随时随地阅读电子书籍，摆脱了传统纸质书的时空限制，实现了移动阅读。无论是学术著作、小说、教材还是自助指南，电子书籍的数字化呈现为用户提供了更加方便的阅读选择。其次，数字化期刊文章和学术论文的开放获取，极大地促进了学术研究和知识传播。研究人员可以通过智慧图书馆轻松地获取各个领域的学术期刊、论文，从而在全球范围内了解最新的研究成果。这种开放获取模式加速了学术交流和合作，为学术界的发展提供了坚实基础。另外，丰富的图片、音视频资源也丰富了用户的知识获取方式。图像和音视频是一种更生动直观的信息传递方式，能够为用户呈现更具感染力的内容。智慧图书馆可以通过数字化技术将历史照片、文化展览、学术讲座等以图像和音视频形式展示，为用户带来更丰富的视听体验。

通过数字化技术，智慧图书馆成为了多领域知识的综合呈现平台。不同形式的资源呈现满足了不同用户的需求，不仅丰富了用户的阅读体验，也为知识的传播和交流提供了更多样的途径。这种多样化的资源形式，将进一步推动智慧图书馆的发展，为知识社会的多元性和创新性做出贡献。

三、节省空间与成本

1. 数字化文献馆藏的无须实体空间存放，极大地节省了图书馆内部的空间

数字化文献馆藏的无须实体空间存放，是智慧图书馆在节省空间与成本方面的一项重要优势。传统的图书馆在存储大量纸质文献时，需要耗费大量的物理空间来容纳书架、书柜以及存储区域。这些空间不仅有限，而且需要长期的维护和管理，增加了图书馆的运营成本。然而，随着数字化技术的迅猛发展，智慧图书馆得以将纸质文献转化为数字文件，从而摆脱了实体空间的限制。

通过数字化处理，图书馆可以将纸质文献转换为数字形式，然后存储在服务器、云存储等数字平台上。这意味着数字化文献馆藏无须实体空间，不再需要大量的书架和存储区域来存放。相比之下，数字存储提供了更高效的管理方式，不仅减少了人力资源的投入，还避免了纸质文献容易受损、老化的问题。而这种数字存储不仅仅是传统文献的数字化镜像，更是一种资源的虚拟存储，使得图书馆的实体空间得以充分释放。

数字化文献馆藏的无须实体空间存放，不仅使图书馆内部更加宽敞整洁，还为图书馆提供了更多的可利用空间。这些空余空间可以被重新规划，用来举办文化活动、展览、讲座等，为用户创造更多的价值和体验。图书馆可以将空间重新设计，创造出更加舒适和富有创意的阅读、学习环境，满足不同用户的需求。此外，这些空余空间还可以用于搭建数字化阅读区域，提供电子书籍、数字资源的访问终端，进一步丰富用户的阅读体验。

数字化文献馆藏的无须实体空间存放，不仅为图书馆内部带来了宽敞整洁的环境，也为图书馆创造了更多的多功能空间，用于举办文化活动、展览等，为用户提供更加丰富和多元的阅读、学习体验。这一特点在智慧图书馆的建设与管理中具有重要的意义，将进一步推动图书馆在数字化时代的发展和创新。

2. 数字化文献馆藏的管理成本得到了有效降低

数字化文献馆藏的管理成本的有效降低，是智慧图书馆在节省空间与成本方面的一项显著优势。传统的图书馆管理纸质文献需要支付购书费用、维护图书馆建筑和设施的费用等。而在数字化时代，数字化处理和存储的应用使得这些成本得到了有效的降低。

首先，数字化处理消除了纸质文献的购买和维护成本。传统图书馆需要购买大量的纸质

书籍、期刊、报纸等来满足用户的需求，这不仅需要支付购书费用，还需要考虑图书馆建筑、书架等设施的维护成本。然而，通过数字化技术，这些纸质文献可以被转化为数字文件，无须购买实体书籍，从而降低了购书成本。数字化文件的存储也不需要特定的建筑和设施，进一步减少了维护成本。其次，数字化处理减少了纸张、墨水等资源的消耗。纸质文献需要大量的纸张和墨水来打印、制作，这不仅增加了资源的消耗，还对环境造成了一定的影响。而数字化处理将文献转化为电子文件，不再需要大量的纸张和墨水，有助于减少资源的浪费，实现了更加环保的文献管理。此外，数字化文件的管理更加方便，有助于降低文献整理和检索的成本。数字化文件可以通过信息管理系统进行分类、标记、索引等，使得文献的检索变得更加高效和精准。传统的纸质文献需要耗费较多的时间和人力来整理、归档和检索，而数字化管理使得这些过程更加自动化和智能化，降低了人力成本。

数字化文献馆藏的管理成本的有效降低，不仅体现在购书费用和维护成本的减少，还表现在资源的节约和文献管理的高效性。这一特点使得智慧图书馆能够更加高效地提供丰富的数字化资源，为用户创造更好的阅读和学习体验，同时也为图书馆的可持续发展提供了有力的支持。

3. 数字化处理和存储还降低了文献馆藏的长期维护成本

数字化处理和存储在智慧图书馆的文献馆藏管理中，不仅节省了空间和购买成本，还在长期维护方面带来了显著的成本降低。传统纸质文献由于受到时间和环境的侵蚀，需要定期维护和修复，这无疑增加了图书馆的运营成本和人力投入。然而，数字化文献馆藏的保存特性使得长期维护成本得到了有效的降低。

首先，纸质文献在长期保存过程中容易受到时间和环境的侵蚀，如书页的褪色、纸张的老化、书籍的腐蚀等。这些问题需要定期的维护和修复，需要耗费大量的人力、物力和财力。而数字化文献在数字平台上保存，不受时间和环境影响，数字文件的稳定性和耐久性更强。这就减少了文献馆藏长期维护的需求，避免了频繁的修复和保养成本。其次，数字化文献的存储和管理更加便捷，也减少了长期维护的成本。数字化文件可以通过信息管理系统进行分类、标记、索引等，方便进行检索和管理。相比之下，纸质文献的整理、存放和检索需要较多的人力和时间，也容易造成文件的损坏和遗失。数字化管理的高效性和自动化特点降低了长期维护的操作成本。此外，数字化文献的长期保存不需要特定的存放条件，如控制湿度、温度等环境因素。而纸质文献需要在适宜的环境条件下进行保管，这涉及到设备和资源的投入，增加了维护成本。数字化文件的保存相对更加简便，从而降低了与环境控制相关的费用。

数字化处理和存储在智慧图书馆的文献馆藏管理中，降低了文献馆藏的长期维护成本。通过数字化技术，文献馆藏的保存稳定性得到提升，维护和修复的需求大大减少，操作和环境成本得到有效降低。这为智慧图书馆的可持续发展提供了更为坚实的基础，使其能够更好地服务用户，推动知识的传播与创新。

4. 智慧图书馆实现了空间和成本的双重节省

这种节约不仅为图书馆的运营管理带来了效率提升，也为资源的可持续利用和环保做出了贡献。数字化文献馆藏的节省空间与成本的优势，将进一步推动智慧图书馆的发展，为用户提供更优质的服务和体验。

四、开放获取运动的参与

智慧图书馆积极参与开放获取运动，提供免费的数字化资源给用户。这种模式鼓励知识的共享和传播，特别是对于那些无法轻易获得付费文献的人群，如学生、研究者、社会大众等。开放获取使知识更加平等和可及。

1. 数字化资源免费提供

智慧图书馆在开放获取运动中充当了知识共享的推动者和践行者，通过数字化技术和在线平台，向公众免费提供丰富的数字化资源。这一举措具有深远的影响，不仅在知识传播方面取得了重要突破，也在社会和文化领域引发了积极的变革。

通过建立在线数据库和数字图书馆等平台，智慧图书馆积极参与了数字时代的知识共享浪潮。这些平台收录了电子书籍、期刊文章、报纸剪报、学术论文等多种形式的知识资料，涵盖了广泛的学科领域和文化内容。用户无须付费订阅或购买，只需通过互联网连接，即可自由获取所需的信息资源。这种开放获取的模式打破了传统的信息壁垒，消除了知识获取的障碍，使知识真正成为人人可及的公共财富。

这一举措不仅使得知识资源充分流通，也在一定程度上促进了学术研究的创新。研究者可以更便捷地获取前沿的学术成果和文献资料，从而在研究领域取得更快速的进展。学术界的知识交流也得以加强，研究者之间可以更广泛地分享自己的研究成果，促进了学术合作和合作创新。

开放获取运动还具有普惠性和包容性的特点，尤其是对于那些无法轻易获得付费文献的人群。学生、教师、研究者和社会大众都可以通过智慧图书馆的免费数字化资源，获得所需的知识资料，支持学习、教学、研究和创作。这种开放的知识共享模式为社会中的各个群体提供了平等的学习机会，有助于缩小知识获取的差距，推动社会的可持续发展。

智慧图书馆通过数字化技术和在线平台，免费向公众提供多样化的数字化资源，推动了知识的共享和传播。这种开放获取的模式为知识社会带来了积极的变革，扩大了知识的受众范围，促进了学术研究和文化创新，增强了社会的公平和包容。这一举措在智慧图书馆的角色中具有重要的意义，使其成为知识传播和社会发展的先锋和引领者。

2. 促进知识的共享

在开放获取运动中，智慧图书馆扮演了促进知识的共享和传播的重要角色。这一模式鼓励作者、研究者和创作者将他们的作品免费上传到在线平台，使得学术研究成果和文化创作能够更广泛地被人们了解和使用。

通过免费数字化资源的提供，智慧图书馆为作者和创作者提供了一个平台，可以将自己的作品与世界分享。研究者可以将他们的学术论文、研究报告等上传到在线数据库，使得这些成果能够被其他研究者和学者及时获取和引用。文化创作者也可以将他们的作品，如小说、诗歌、艺术品等分享给更广大的受众，从而让更多人欣赏和受益。

这种共享模式不仅促进了知识的流动，也推动了知识的传承。通过开放获取，前沿的学术研究可以更快速地传播到全球范围内，有助于学术界的创新和发展。同时，文化创作也可以跨越时空，为后代留下丰富多彩的文化遗产。这种知识的共享和传承有助于构建一个更加丰富和多元的知识社会。

除了促进学术和文化领域的知识共享，开放获取也在一定程度上打破了信息壁垒，让知识传播更加平等和包容。无论地域、社会身份还是经济状况，人们都可以自由访问和利用这些免费的数字化资源，从而扩大了知识获取的范围。这种平等的知识获取机会有助于提升个体的信息素养，推动社会的全面进步。

智慧图书馆通过免费提供数字化资源，积极促进了知识的共享和传播。这种模式不仅让学术研究和文化创作更广泛地被人们了解和使用，也推动了知识的流动和传承。更重要的是，开放获取为社会中的各个群体提供了平等的知识获取机会，促进了社会的全面发展。智慧图书馆在这一过程中起到了积极的引领作用，成为知识传播和文化交流的重要推动者。

3. 服务多样化用户群体

智慧图书馆在开放获取运动中的参与，为多样化的用户群体带来了显著的利益。特别是对于那些无法轻易获得付费文献的用户，如学生、研究者和社会大众，开放获取模式提供了更容易获取信息和文献的机会，为他们的学习、研究和创作提供了有力的支持。

首先，对于学生群体而言，开放获取的数字化资源为他们的学术学习和研究提供了便利。学生们可以免费访问学术论文、研究报告、参考书籍等，从而更好地完成学业和课程作业。无须支付昂贵的订阅费用或购买教材，学生们可以在智慧图书馆的平台上获取所需的学术资料，降低了学习成本，促进了他们的学术发展。

其次，研究者也受益于开放获取模式。研究者通常需要获取大量的学术文献来支持他们的研究工作。在开放获取的平台上，他们可以自由地访问和引用各种学术资源，加速了研究进程。这种便利性有助于促进学术交流和合作，推动研究领域的创新。

此外，社会大众也是开放获取的受益者之一。对于那些对特定领域感兴趣但不具备深入专业知识的人来说，开放获取提供了一个了解和学习的途径。他们可以在智慧图书馆的平台上浏览各种主题的文章、报纸、杂志等，拓展自己的知识面，满足好奇心和求知欲。

通过参与开放获取运动，智慧图书馆为多样化的用户群体提供了公平的知识获取机会。无论是学生、研究者还是社会大众，都可以从中获益。这种开放的知识共享模式不仅促进了学术和文化的发展，也为个体的学习、研究和创作提供了支持和帮助。智慧图书馆在这一过程中充当了桥梁和推动者的角色，为多样化用户群体创造了更加开放和包容的知识环境。

4. 促进学术研究和教学发展

开放获取运动在智慧图书馆的参与下，显著促进了学术研究和教学发展，为学术界和教育界带来了多重利益。这种模式不仅为学者和教师提供了更为便捷的资源获取途径，还激发了学术研究的创新和教学方法的多样化。

首先，开放获取使得学者在进行学术研究时能够更轻松地获取到相关的学术论文、期刊文章和研究报告。无须因订阅费用或文献购买而受限，学者们可以广泛地浏览和引用各种学术资源，从而拓展他们的研究领域和深度。这为学术研究的跨领域交叉和创新提供了有力的支持。其次，开放获取为教育界带来了丰富的教学资源，且无论教师还是学生，都能够免费地获取这些资源。教师可以借助数字化资源，为课堂教学注入新的活力，提供更多案例和实例，增强学生的学习兴趣和理解。学生们则可以在学习过程中通过开放获取的方式获得丰富的背景知识，丰富了他们的学习经验。此外，开放获取也促进了教育方法的创新。教师可以通过使用数字化资源，构建更多元化的教学内容和方式，例如引入多媒体素材、在线教学工具等，从而更好地满足不同学生的学习需求。这种教学方法的创新有助于提升教育的效果和质量，为学生提供更富有开放获取运动通过智慧图书馆的免费数字化资源，极大地促进了学术研究和教学发展。学者和教师可以更便捷地获取所需资源，促进了学术研究的广度和深度，同时也为教育方法的创新提供了契机。这种开放的知识共享模式在推动学术和教育领域的发展方面发挥着积极的作用，为知识传播和学习创造了更加开放和包容的环境。

5. 社会责任和影响力

智慧图书馆作为现代知识社会的重要组成部分，肩负着重要的社会责任和影响力。特别是在参与开放获取运动方面，智慧图书馆不仅在知识传播领域发挥了积极的作用，更体现了其承担的社会责任和所带来的深远影响。

首先，智慧图书馆通过提供免费的数字化资源，充分展现了其积极履行社会责任的决心。在一个信息不对等和知识获取不平等的时代，开放获取模式让知识更加平等地传播到每一个人，尤其是那些无法轻易获得付费文献的人群。这种公益性的举措，既满足了社会各界对知识的需求，也彰显了智慧图书馆的社会责任感。其次，智慧图书馆的参与在社会中形成了积极的影响。通过免费提供数字化资源，智慧图书馆不仅鼓励知识的共享和传播，也为人们提供了更多的学习、研究和创作机会。特别是对于学生、研究者、教育工作者等群体，开放获取运动为他们的学术研究和教育教学带来了积极影响，推动了知识的创新和传承。此外，智慧图书馆的社会责任和影响力还体现在其引领了知识传播的新模式。开放获取不仅仅是一种资源提供方式，更是一种知识共享的理念。智慧图书馆的参与引发了社会对知识传播方式的思考，鼓励更多的机构和组织加入到知识共享的行列，从而促进整个社会的智慧与进步。

智慧图书馆作为知识传播的平台，在参与开放获取运动中展现了其积极的社会责任和深远的影响力。通过免费提供数字化资源，它不仅满足了社会各界对知识的需求，也引领了知识传播的新模式，为社会的文化发展和知识创新作出了重要贡献。智慧图书馆以其正面形象和影响力，成为社会进步和发展的重要推动者。

五、文化遗产的保护和传承

数字化文献馆藏管理还有助于保护和传承文化遗产。许多历史文献、照片、音视频等可以通过数字化手段进行保存，防止其因时间和环境的影响而逐渐丧失。这使得智慧图书馆不仅是当代知识的媒介，也是将知识传承给后代的桥梁。

1. 数字化保存与文化遗产保护

数字化保存在文化遗产保护中扮演着重要角色，为历史文献、照片、音视频等宝贵的文化遗产提供了可靠的长期保存和传承方式。通过数字化技术，智慧图书馆将物质文化遗产转化为数字形式，从而有效地应对时间和环境的侵蚀，实现了文化遗产的持久保存和可及性。这种数字化保存对文化遗产保护产生了深远的影响，体现了智慧图书馆在文化传承中的积极作用。

数字化保存的一个显著优势在于其能够防止文化遗产在时间流逝和环境变迁中的逐渐丧失。传统的物质文献容易受到自然因素、灾难和人为破坏的影响，而数字化转化使得这些宝贵的文化资源能够以数字文件的形式长期保存下来，免受物理损害。数字文件的备份和存储机制也能够防止数据丢失，为文化遗产的保护提供了强大的支持。

数字化保存不仅仅是简单的复制，它还能够精确记录每一个细节和元素。通过高分辨率的扫描、拍摄等技术，数字化资源能够准确地捕捉原始文物的每一个细微之处，包括颜色、纹理、笔迹等。这种精确性为后代研究提供了宝贵的信息，让人们能够更真实地感受和理解历史的面貌。

数字化保存还有助于将文化遗产从地理上解放出来，使其能够跨越国界和地域限制，被更广泛的人群访问和研究。无论是在学术界还是大众社会，数字化资源的开放访问都为人们提供了一个便捷的途径，从而加深了人们对不同文化和历史的认识和理解。

智慧图书馆通过数字化保存实现了文化遗产的传承，将这些宝贵的资源传递给后代。这不仅仅是对过去的致敬，更是一种文化的延续和传承。通过数字化保存，智慧图书馆成为了历史文化的守护者和传承者，为社会提供了一个可以穿越时空的窗口，让人们感受历史的情感，传承文化的价值。

2. 知识传承与文化延续

数字化管理在智慧图书馆中扮演着知识传承和文化延续的关键角色，通过将历史文献等珍贵资料数字化，实现了知识的无缝连续性。这一过程不仅是对过去的回顾，更是对文化传统的传递，将丰富的知识和价值观传递给后代，从而延续了人类文明的精髓。数字化资源成为了过去、现在和未来的桥梁，将历史的智慧与现代社会紧密相连，为文化的传承创造了坚实的基础。

通过数字化管理，智慧图书馆能够将丰富的历史文献、照片、音视频等文化资料数字化保存，避免了时间和环境的侵蚀。这种数字化传承不仅仅是简单的保存，更是对过去的认知和理解，能够帮助人们更好地理解历史背景、文化传统以及社会演变。数字化资源可以为后代提供丰富的信息，让他们能够深入了解过去，从而更好地把握现在和未来。数字化管理还能够将分散的文化知识集中起来，为后代提供一个全面的文化体验。智慧图书馆可以将各种形式的文化资料，如文献、艺术作品、音乐等，以数字化的形式统一管理，为人们创造一个多元且丰富的文化环境。这种集中管理不仅方便了用户的访问，还能够促进不同领域的交叉融合，创造出更多的文化创新。数字化管理还能够激发创意和创新，使文化传统得以在当代焕发新的生命力。通过数字化资源的呈现和传播，智慧图书馆能够吸引更多的创作者和艺术家参与到文化创作中。他们可以从历史文献中汲取灵感，融合当代的元素，创作出充满创意和独特性的作品，从而推动文化的发展和演进。

智慧图书馆通过数字化管理实现了知识传承与文化延续的使命。数字化资源为历史的回顾、文化的传递和创新的激发提供了有力支持，使过去的智慧能够在当代得以继承，为未来的文明创造更多可能。数字化管理不仅连接了时间和空间，更连接了人们的心灵，使知识和文化的火炬在世代传递中不断闪烁。

3. 研究资源与学术价值

数字化文献馆藏管理在文化研究和学术研究领域扮演着重要角色，为研究人员提供了丰富而珍贵的资源，进一步促进了对文化、历史和社会变迁等方面的深入研究与理解。通过数字化保存和整理历史文献、照片等文化遗产，智慧图书馆为学术界提供了丰富的素材，为研究提供了更为便捷的途径，为知识的探索开启了新的大门。

数字化文献馆藏的管理为研究人员提供了宝贵的历史信息和文化资源。通过数字化手段，各种历史文献、照片、音视频等可以得到精确的保存和记录，避免了时间和环境的侵蚀，使这些珍贵的资料能够得以永久保存。研究人员可以通过数字化资源获取准确的历史数据和文化文献，从而开展更为深入的研究，探索历史的演变和文化的传承。

数字化资源的整理和分类也使得研究工作更加高效。通过信息管理系统，研究人员可以便捷地查找和筛选所需的资料，加快了研究过程。此外，数字化资源的多样性，如电子书籍、期刊文章、照片等，为不同学术领域的研究提供了多样化的参考资料，促进了学科间的交叉融合和综合研究。

数字化文献馆藏管理还促进了学术界对文化遗产的更深入研究和理解。历史文献、照片等的数字化保存使得这些文化遗产得以重新审视和解读，为研究人员提供了新的视角。研究人员可以从中发现之前被忽略的细节，探索不同历史事件的关联性，甚至发现全新的研究方向。数字化资源为学术界创造了更广阔的研究空间，激发了对文化遗产的更深层次研究兴趣。

数字化文献馆藏管理为文化研究和学术研究提供了宝贵的资源，丰富了研究素材，促进了知识的深入探索。通过数字化保存和整理，历史文献和文化遗产得以永久保存，并为研究人员提供了多样化的研究途径。数字化资源的多样性和高效性，加强了研究人员之间的合作和交流，为学术界的发展注入了新的活力。

4. 文化多样性与社会价值

通过数字化文献馆藏管理，智慧图书馆在文化遗产保护和传承领域承担着重要的社会责任和发挥着深远的影响力。这一举措不仅有助于保存和传承文化遗产，还通过文化多样性的保留，促进了社会的文化丰富性和多元性，使得智慧图书馆成为文化传承的重要桥梁。

数字化文献馆藏管理为文化遗产的保护和传承提供了可靠的手段。许多历史文献、照片、音视频等珍贵的文化遗产经过数字化处理，得以保存下来，不受时间和环境的侵蚀。这种数字化保存不仅能够精确记录每一个细节，还能够将文化遗产从物质形态转化为数字形式，从而保留了文化的原始面貌。智慧图书馆通过数字化技术，使得这些文化遗产得以永久传承，为后代提供了珍贵的历史和文化资源。

数字化资源的开放获取模式使得更多人可以参与文化的传承和发展。智慧图书馆通过在线数据库、数字图书馆等平台，将这些数字化资源免费向公众提供，使得更多人能够轻松获取到文化遗产的信息和内容。这种开放获取模式不仅有助于让更多人了解和欣赏文化遗产，还为社会各界提供了丰富的素材，用于创作、研究和教育。通过数字化资源的共享，社会的文化凝聚力得以增强，各个群体之间的认同感得到提升。

智慧图书馆在文化遗产保护和传承中的社会责任和影响力体现在其不仅是文化资料的存储者，更是文化传承的推动者。通过数字化保存和开放获取，智慧图书馆为文化的传承和发展提供了强有力的支持，促进了社会的文化多样性和认同感。这种社会责任的担当和积极的影响力，使得智慧图书馆在社会中扮演着不可或缺的角色，为文化的繁荣与传承作出了重要贡献。

第二节　个性化推荐与用户喜好分析

一、智慧图书馆借助个性化推荐技术，为每位用户提供定制化的阅读推荐

通过分析用户的阅读历史、兴趣和偏好，智慧图书馆能够深入了解用户的阅读喜好，从而为其推荐符合其口味的图书、文章、视频等内容。这种个性化推荐不仅是满足用户需求的一种手段，更是提高用户阅读体验的重要途径。

1. 智慧图书馆借助个性化推荐技术能够深入挖掘用户的阅读历史

通过分析用户过去的阅读记录，包括浏览过的书籍、文章、视频等，图书馆能够获取关于用户兴趣的宝贵信息。这有助于建立用户的阅读档案，从而更好地了解他们的阅读偏好和领域。

智慧图书馆借助个性化推荐技术，通过深入挖掘用户的阅读历史，实现了更精准的用户阅读体验。这一技术的核心在于分析用户过去的阅读记录，其中包括他们曾浏览过的书籍、文章、视频等多种类型的内容。这些阅读记录蕴含着用户的兴趣、好奇心和知识需求，为智慧图书馆建立用户的阅读档案提供了宝贵的信息资源。首先，通过分析用户的阅读历史，智慧图书馆能够准确了解用户的兴趣。当用户在图书馆的数字平台上浏览或借阅某种类型的书籍、文章或其他资源时，这一行为透露出他们对特定主题或领域的偏好。例如，如果一个用户频繁阅读关于科技创新的文章，智慧图书馆可以推断出他对科学技术方面的兴趣。这样的分析有助于构建用户的兴趣标签，为后续的推荐提供依据。其次，挖掘用户的阅读历史有助于建立用户的阅读偏好档案。通过记录用户曾阅读过的不同类型的内容，智慧图书馆可以识别出用户偏好的特定主题、风格、作者等因素。例如，如果用户倾向于阅读心理学相关的书籍和文章，图书馆可以确定他对心理学领域的偏好。这些偏好档案有助于更准确地为用户推荐符合其口味的内容。

通过深入挖掘用户的阅读历史，智慧图书馆还能够更好地理解用户的知识需求和阅读趋向。对用户的阅读行为进行分析，可以揭示出用户对知识的探索方向以及他们对不同领域的好奇心。这有助于智慧图书馆更加针对性地推荐跨领域或深入领域的内容，满足用户多样化的知识需求。

借助个性化推荐技术，智慧图书馆通过深入挖掘用户的阅读历史，构建了用户的阅读档

案和偏好标签，实现了更加精准的推荐。这种方法不仅有助于满足用户个性化的知识需求，也提升了用户的阅读体验，进一步加强了智慧图书馆与用户之间的连接与互动。

2. 基于用户的兴趣和偏好，智慧图书馆能够为每位用户推荐符合其口味的内容

通过运用机器学习和数据分析技术，图书馆能够识别出用户可能感兴趣的主题、领域和类型。例如，如果一个用户经常阅读关于历史的文章，智慧图书馆可以为他推荐相关的历史书籍、纪录片等，以满足他的阅读喜好。

基于用户的兴趣和偏好，智慧图书馆能够通过机器学习和数据分析技术，为每位用户量身定制的阅读推荐。这一方法不仅满足用户的个性化需求，还提升了用户的阅读体验，使用户能够更轻松地发现并沉浸在适合他们口味的内容之中。通过机器学习技术，智慧图书馆能够分析大量的用户数据，包括用户的阅读历史、借阅记录、点击行为等，从中发现潜在的兴趣点和偏好。例如，如果一个用户经常在智慧图书馆的数字平台上搜索与健康生活方式相关的信息，这可能暗示着他对健康、运动、饮食等领域感兴趣。通过收集和分析这些数据，智慧图书馆能够建立用户兴趣的模型，为用户提供更有针对性的推荐内容。在此基础上，智慧图书馆运用数据分析技术，对用户的兴趣和偏好进行更深入的分析和挖掘。通过对不同用户的相似性和差异性进行比较，图书馆可以发现不同用户之间可能存在的共同兴趣点，从而为他们推荐适合的内容。同时，也可以根据用户的历史行为，预测他们未来可能的阅读兴趣，从而提前为其推荐相关内容。基于用户的兴趣和偏好，智慧图书馆能够为用户提供多样化的内容推荐。这种个性化推荐不仅能够满足用户已知的兴趣，还能够引导他们去探索新的领域和主题。例如，如果一个用户一直在阅读科幻小说，智慧图书馆可以推荐一些与科幻相关的科学文章，引导他深入了解相关领域的知识。

通过机器学习和数据分析技术，智慧图书馆能够基于用户的兴趣和偏好，为每位用户推荐符合其口味的内容。这种个性化推荐不仅满足了用户的阅读需求，也促进了知识的多样化获取和深入探索，为用户提供了更加丰富和有趣的阅读体验。

3. 个性化推荐技术还能够提升用户的阅读体验

个性化推荐技术在智慧图书馆中的运用不仅仅是为用户提供更符合其口味的内容，更重要的是能够显著提升用户的阅读体验。通过为用户定制化的内容推荐，智慧图书馆能够在多个方面增强用户的参与度和满意度，从而加深用户与图书馆的互动和联系。

首先，个性化推荐技术使用户更容易找到他们感兴趣的阅读材料，从而节省了他们在搜索和筛选内容上的时间和精力。传统上，在庞大的数字资源中找到满足自己兴趣的内容可能会是一项繁琐的任务，但个性化推荐的引入消除了这一障碍。用户不再需要花费大量时间浏览不相关的内容，而是可以迅速获取到与其兴趣相符的内容，从而更加高效地获取知识和享受阅读。其次，个性化推荐技术能够增加用户的参与度。当用户发现智慧图书馆能够准确了解他们的阅读兴趣并为其提供定制化的内容推荐时，他们往往会感到被重视和关注。这种个性化关怀不仅让用户觉得自己在图书馆平台上得到了特别对待，也激发了他们与图书馆的情感共鸣。用户更有可能积极参与互动，例如留下评论、评分、建议等，进一步丰富了图书馆的社区氛围。此外，个性化推荐技术也有助于拓展用户的阅读兴趣和视野。虽然人们可能会因为习惯而只关注某些特定领域的内容，但通过推荐更广泛的主题和话题，用户有机会探索新的阅读领域。这种推荐不仅能够丰富用户的知识层面，也能够激发他们对多样化内容的兴趣。智慧图书馆因此成为一个引领用户跨足不同领域的窗口，帮助他们拓宽视野，增加阅读的乐趣和广度。

个性化推荐技术在智慧图书馆中的运用不仅能够提升用户的阅读体验，还能够增加用户的参与度、丰富用户的阅读兴趣和视野。通过为用户定制化的内容推荐，智慧图书馆能够与用户建立更紧密的联系，创造更具互动性和情感共鸣的阅读环境，从而为用户带来更为愉悦和丰富的阅读体验。

二、利用个性化推荐技术，智慧图书馆能够更精准地满足用户的需求

通过分析用户的阅读历史和阅读行为，智慧图书馆能够洞察用户的兴趣爱好，从而推荐与其相关的内容。例如，如果用户经常阅读科幻小说，智慧图书馆可以根据这一偏好，为其推荐类似主题的图书或文章，提高用户的满意度和参与度。

1. 智慧图书馆可以通过分析用户过去的阅读记录，了解他们经常浏览的主题、领域和类型

智慧图书馆借助个性化推荐技术，能够通过分析用户过去的阅读记录，深入了解他们经常浏览的主题、领域和类型，从而实现更加精准和个性化的内容推荐。这种方法基于用户的阅读历史，旨在揭示他们的阅读兴趣和偏好，为每位用户量身定制的内容推荐，从而提高用户的阅读体验和满意度。

当智慧图书馆分析用户的阅读记录时，它能够从中获取宝贵的信息。例如，如果一个用户在过去的阅读中频繁涉及历史、文化和人文社科领域的书籍和文章，图书馆就可以推断出他对这些主题的浓厚兴趣。这意味着该用户可能更愿意深入探索历史事件、文化传承以及社会变迁等领域。基于这一了解，智慧图书馆可以有针对性地为他推荐更多关于历史、文化和人文社科的内容，满足他深入阅读的需求。

这种个性化推荐不仅仅是为了提高用户的满意度，更是为了让用户能够更好地深入了解自己感兴趣的领域。智慧图书馆可以根据用户的阅读记录，为他们推荐更多的深度资料、学术论文和专业书籍，帮助他们深入挖掘自己感兴趣的领域。这不仅能够满足用户的知识需求，还可以促使用户更深入地思考和探索，从而提升他们的阅读体验和知识水平。

智慧图书馆通过分析用户过去的阅读记录，能够深入了解他们经常浏览的主题、领域和类型。基于这一了解，图书馆可以为每位用户量身定制的内容推荐，满足他们的阅读兴趣和需求。这种个性化推荐不仅提高了用户的阅读体验，更加深入地帮助用户挖掘感兴趣的领域，从而促进了知识的获取和传播。

2. 个性化推荐技术还可以根据用户的阅读行为和互动信息，了解他们的喜好和倾向

通过个性化推荐技术，智慧图书馆可以根据用户的阅读行为和互动信息，更加准确地了解他们的喜好和倾向。这种方法不仅能够更深入地洞察用户的兴趣，还能够根据用户的实际行为为他们提供更具针对性的内容推荐，进一步提升用户的阅读体验和满意度。

用户的阅读行为和互动信息在很大程度上反映了他们的阅读兴趣和偏好。例如，如果一个用户在特定的主题下频繁留下评论、点赞或分享，这表明他对该主题有着浓厚的兴趣和喜好。智慧图书馆可以通过分析这些互动信息，推断出用户的阅读倾向，并据此为他们量身定制的内容推荐。如果用户经常在科技领域的文章下留下评论并与其他用户交流，图书馆就可以推测出他对科技创新和技术趋势的关注，然后为他推荐更多相关的科技类书籍、文章和视频，以满足他的实际需求和兴趣。

这种基于用户互动信息的个性化推荐不仅能够更好地满足用户的阅读兴趣，还能够增强用户与智慧图书馆之间的互动和联系。当用户发现图书馆能够根据他们的互动行为为其推荐内容时，他们会感受到被理解和关注，从而更加愿意在图书馆的平台上进行阅读和交流。这进一步促进了用户参与和图书馆的影响力，增强了用户对图书馆的认同感和忠诚度。

个性化推荐技术可以根据用户的阅读行为和互动信息，更加准确地了解他们的喜好和倾向。通过分析用户在特定主题下的互动行为，智慧图书馆能够推断出用户的实际需求和兴趣，从而为他们提供更具针对性的内容推荐，提升阅读体验，促进用户与图书馆之间的互动，增强用户的参与和认同感。

3. 智慧图书馆还可以利用机器学习和数据分析技术，识别出用户可能感兴趣的主题和话题

智慧图书馆在个性化推荐方面还可以充分利用机器学习和数据分析技术，通过分析大量用户的阅读行为和喜好，识别出用户可能感兴趣的主题和话题。这种方法不仅能够提供更准确的内容推荐，还能够在用户尚未表达兴趣的领域中为他们发现新的阅读机会，丰富他们的知识和视野。

通过机器学习和数据分析技术，智慧图书馆可以构建复杂的推荐算法模型，对用户的阅读行为进行深入挖掘和分析。例如，图书馆可以根据用户阅读的书籍、文章、视频等内容，识别出他们经常关注的主题和话题。如果大多数喜欢历史书籍的用户也对人物传记感兴趣，智慧图书馆就可以将这两个主题联系起来，为新用户推荐与人物传记相关的内容。这种基于用户阅读行为的相似性分析能够更加精准地预测用户的喜好，从而提供更具针对性的内容推荐。

此外，机器学习技术还可以识别出用户可能的隐性兴趣。即使用户尚未明确表达对某个主题的兴趣，通过分析用户的阅读行为和喜好，智慧图书馆也可以发现潜在的兴趣领域。例如，如果一个用户经常阅读关于科技创新的文章，但尚未阅读过任何科幻小说，图书馆可以尝试推荐一些涉及科技与未来的科幻作品，以期引起用户的兴趣，丰富他们的阅读体验。

智慧图书馆可以借助机器学习和数据分析技术，识别出用户可能感兴趣的主题和话题。

通过构建复杂的推荐算法模型，分析用户的阅读行为和喜好，图书馆能够更加精准地预测用户的阅读偏好，为他们提供个性化的内容推荐，丰富阅读体验，促进知识的获取与传播。

4. 个性化推荐技术还可以不断优化推荐算法，使推荐更加准确和精细化

个性化推荐技术在智慧图书馆中的运用不仅限于单一的推荐过程，还包括不断优化推荐算法，以使推荐更加准确和精细化。随着用户在智慧图书馆平台上的阅读行为不断累积，图书馆可以根据实际反馈和用户互动情况，不断调整推荐策略，进而提升推荐的命中率和用户满意度。

这种持续的优化过程是个性化推荐技术的关键一环。首先，智慧图书馆可以通过分析用户的点击率、收藏、分享、评论等行为，了解用户对不同内容的喜好程度和关注度。例如，如果某个特定领域的内容得到了大量用户的点击和收藏，图书馆可以将这个领域作为重点推荐对象，为更多用户推荐类似的内容。此外，用户的反馈也能够为优化提供重要依据。如果用户对某个推荐内容进行了积极的评价，图书馆可以加强类似内容的推荐频率，从而满足用户的偏好。同时，智慧图书馆可以通过引入用户反馈的机制，进一步细化推荐算法。例如，用户可以对推荐的内容进行评分、喜欢 / 不喜欢标记，或提供更详细的反馈意见。这些反馈信息可以帮助图书馆更加精准地了解用户的兴趣和偏好，进而调整推荐策略。此外，图书馆还可以引入协同过滤等技术，根据用户的相似性和群体行为，进行更精细的内容匹配。随着时间的推移，随着越来越多用户的参与和数据积累，智慧图书馆的推荐算法会变得越来越准确和精细化。持续的优化过程能够使推荐更加符合用户的实际需求和阅读喜好，提供更有价值的内容推荐。这种精准的个性化推荐不仅能够满足用户的阅读兴趣，还能够促进用户对多样化知识的获取与探索，进一步丰富用户的阅读体验和文化视野。

个性化推荐技术的不断优化是智慧图书馆提供更好用户体验的关键所在。通过分析用户行为、收集用户反馈、引入协同过滤等方法，图书馆可以不断改进推荐算法，使其更加精准、实用和符合用户期待，从而持续提高用户的满意度和参与度。这种持续的优化过程体现了智慧图书馆对于提供高质量知识服务的承诺，为用户带来了更具价值的阅读体验。

三、个性化推荐不仅能够满足用户熟悉领域的需求，还有助于拓展用户的知识视野

智慧图书馆可以根据用户的阅读历史，推荐与其兴趣相似但又稍有不同的领域内容。这种推荐策略有助于用户发现新的阅读兴趣，促进知识的多样化获取，丰富用户的阅读体验。

1. 智慧图书馆可以通过分析用户的阅读历史和偏好，推荐与其已知领域相似但又稍有不同的内容

智慧图书馆通过个性化推荐技术，能够利用用户的阅读历史和偏好，为他们推荐与已知领域相似但又稍有不同的内容，从而丰富用户的阅读体验，拓展他们的知识视野。这种推荐策略在智慧图书馆中的应用，不仅能够满足用户已知领域的阅读需求，还能够引导他们走出

熟悉的阅读领域，实现对多样化知识的获取和探索。

通过分析用户的阅读历史和兴趣，智慧图书馆可以建立用户的阅读档案，深入了解他们在特定领域的阅读习惯。例如，如果用户经常阅读关于历史战争的书籍，图书馆可以从中获取用户对历史题材的兴趣。基于这一了解，智慧图书馆会将这一兴趣作为出发点，向用户推荐与历史领域相似但略有差异的内容，如历史文化、人物传记等。这种推荐策略不仅能够满足用户对历史的喜好，还能够让用户更全面地了解历史背景和文化脉络，从而拓展其历史知识的广度和深度。这种个性化推荐策略在于将用户已知领域与相关但稍有不同的领域相连接，从而在不让用户感到陌生的前提下，引导他们探索新的知识领域。通过将相似但略有差异的内容推荐给用户，智慧图书馆能够逐步拓展用户的阅读兴趣，帮助他们在新领域中获得新的见解和体验。这种策略能够激发用户的好奇心，使其在阅读过程中不断发现和学习，从而实现知识的持续积累和充实。

智慧图书馆通过分析用户的阅读历史和偏好，推荐与其已知领域相似但稍有不同的内容，从而丰富用户的阅读体验，引导他们拓展知识视野。这种策略能够让用户在熟悉领域的基础上，开启对相关但略有不同的知识领域的探索，帮助他们在阅读中获得更多的乐趣和启发。

2. 智慧图书馆可以引入跨领域的推荐机制，将不同领域的内容联系起来，为用户打造一个知识的交叉学习平台

智慧图书馆通过引入跨领域的推荐机制，为用户打造一个跨足多领域的知识交叉学习平台，将不同领域的内容联系起来，丰富用户的阅读体验，拓展知识的广度和深度。这种策略不仅能够满足用户多元化的知识需求，还能够激发他们在跨领域学习中获得更多的启发和见解。

智慧图书馆可以通过分析用户的阅读历史和兴趣，识别出用户对不同领域的偏好。例如，一个用户既对科学领域的新发现感兴趣，又对艺术领域的创作欣赏，智慧图书馆可以将相关的科学和艺术内容相互推荐。这种跨领域的推荐机制能够帮助用户在不同领域之间建立联系，促使他们突破单一领域的局限，拓宽知识视野。通过将不同领域的内容联系起来，智慧图书馆能够为用户打造一个综合性的知识平台。用户可以在一个平台上同时获取关于科学、艺术、历史、文化等多个领域的内容推荐，实现知识的跨足和融合。这种跨领域的推荐不仅丰富了用户的知识阅读，还能够帮助他们在不同领域之间发现共通之处和交叉点，促进跨学科的思维和创新。跨领域推荐机制还可以激发用户的好奇心和探索欲望。用户在接触到不同领域的内容时，可能会产生新的问题和想法，进而促使他们深入了解并探索其他领域的内容。这种跨领域学习的体验能够提升用户的学习和认知水平，培养他们的综合思考能力和创新能力。

智慧图书馆通过引入跨领域的推荐机制，为用户打造一个知识的交叉学习平台，将不同领域的内容联系起来，丰富用户的阅读体验，拓展知识的广度和深度。这种策略能够促使用户跳出单一领域的限制，实现知识的多维度交叉，提升他们的学习和认知能力，培养综合思考和创新能力。

3. 个性化推荐还可以通过突出一些新的、颇具吸引力的内容，引发用户的兴趣和好奇心

个性化推荐技术在智慧图书馆中的应用，不仅可以根据用户的兴趣和偏好为其推荐符合口味的内容，还可以通过突出新颖、吸引人的内容，激发用户的兴趣和好奇心，从而拓展他们的知识领域。

通过分析用户的阅读行为和喜好，智慧图书馆可以识别出具有创新性和热门度的内容。例如，如果一个用户经常阅读关于人工智能的文章，智慧图书馆可以推荐最新的人工智能研究成果、前沿技术以及应用案例，从而引发用户对这一领域的兴趣。这种个性化推荐不仅能够让用户了解到领域内的最新动态，还能够启发他们深入探索相关话题，拓展知识深度。突出新颖的内容还有助于激发用户的好奇心。当用户在推荐列表中看到一些与他们平时阅读不太相关但具有吸引力的内容时，他们可能会被新奇感吸引，产生探索的欲望。智慧图书馆可以利用这一策略，将一些有趣的、新鲜的内容推荐给用户，引导他们跨足到其他领域，从而拓展他们的知识视野。此外，通过推荐具有创新性和热门度的内容，智慧图书馆可以帮助用户了解社会和科技的最新进展，与时俱进。用户可以通过阅读这些内容，了解当前的热门话题、新兴领域以及行业趋势，从而不断保持对世界变化的敏感性。

个性化推荐技术在智慧图书馆中的运用，不仅可以根据用户的阅读行为和兴趣提供定制化的内容，还可以通过突出新颖、吸引人的内容，激发用户的兴趣和好奇心，引发他们对新领域的探索欲望。这种策略能够丰富用户的知识阵营，拓展他们的知识广度和深度，促使他们在多领域的学习中不断成长和发展。

4. 个性化推荐技术还可以结合用户的个人发展目标，为其推荐相关的知识资源

个性化推荐技术在智慧图书馆的运用，可以更进一步地结合用户的个人发展目标，为其提供定制化的知识资源，从而实现个人成长和发展的目标。

智慧图书馆可以通过分析用户的个人信息、职业背景、兴趣爱好以及学习目标，了解用户的发展需求。例如，如果一个用户希望在职业上提升，智慧图书馆可以根据他的行业、职位和职业发展方向，为其推荐与其职业发展相关的专业书籍、技能培训资料、行业研究报告等。这种个性化推荐策略能够满足用户的实际需求，帮助他们更有针对性地获取知识和信息，从而促进个人的职业成长和发展。此外，结合用户的个人发展目标进行推荐，还能够激发用户的学习动力和积极性。当用户发现智慧图书馆能够根据他们的个人发展需求提供定制化的知识资源时，他们可能会更加主动地利用这些资源，努力学习和探索，以实现自己的目标。这种个性化推荐不仅能够满足用户的学习欲望，还能够激发他们的自我驱动力，进而促进个人的成长和进步。

通过结合用户的个人发展目标，个性化推荐技术可以为用户提供与其需求紧密相关的知识资源，帮助他们实现职业成长和个人发展的目标。这种策略不仅能够满足用户的实际需求，还能够激发他们的学习兴趣和积极性，从而促进个人的进步和发展。

四、个性化推荐技术的应用也能够促进智慧图书馆的多样化知识传播

通过向用户推荐跨领域的内容，智慧图书馆可以打破用户的信息壁垒，让他们接触到更广泛的知识领域。这有助于提升用户的综合素养，培养他们的跨学科思维能力，从而促进知识的交叉融合和创新。

1. 个性化推荐技术的应用可以突破用户的信息壁垒，让他们接触到更广泛的知识领域

智慧图书馆通过向用户推荐跨领域的内容，让他们有机会了解和涉足平时较少涉及的主题和领域。这种推荐策略有助于拓展用户的知识视野，丰富他们的学习体验，使用户从不同领域中获益。

个性化推荐技术在智慧图书馆的应用为用户带来了更广泛的知识体验，促使他们跨足不同领域，突破信息壁垒，从而丰富了他们的学习旅程。通过向用户推荐涵盖多个领域的内容，智慧图书馆为用户提供了一个跨足多元领域的机会，让他们有机会探索平时较少涉及的主题和话题。这种推荐策略有助于开拓用户的视野，激发他们对不同领域的兴趣，使他们能够从更广阔的知识海洋中受益。智慧图书馆的个性化推荐不仅仅是满足用户已知领域的兴趣，更是引导他们踏足未知领域的一种途径。用户常常会在熟悉的领域内寻找知识，但有时也会因为缺乏激励而错过了其他有价值的领域。通过跨领域的推荐，智慧图书馆引导用户关注那些可能并不在他们日常选择范围内的领域，从而打破了信息壁垒，为他们打开了全新的学习视角。这种个性化跨领域推荐策略不仅仅是为了引发用户的好奇心，更是为了拓展用户的知识视野。通过接触不同领域的内容，用户可以获得更为全面的知识，形成更丰富的认知模式。例如，一个对历史感兴趣的用户，通过跨领域推荐接触到了艺术、科学等领域的内容，可能会发现这些领域与历史有着紧密的联系，从而拓展了对历史的理解。这种交叉学习的经验不仅增强了用户的综合素养，也有助于培养他们的跨学科思维能力。

智慧图书馆通过个性化推荐技术实现了跨领域的内容推荐，从而引导用户走出自己熟悉的学科范围，探索更广阔的知识世界。这种策略不仅丰富了用户的学习体验，还为他们的知识获取带来了更大的多样性和深度。通过突破信息壁垒，智慧图书馆为用户打造了一个跨学科的学习平台，促进了知识的交叉融合和创新。

2. 个性化推荐技术还能够培养用户的跨学科思维能力

通过将不同领域的内容联系起来推荐给用户，智慧图书馆可以激发用户在多个领域之间进行思考和探索的能力。这种跨学科的思维方式有助于培养用户的创新思维，帮助他们在解决问题和应对挑战时更具创造力。

个性化推荐技术在智慧图书馆的运用不仅仅是为了满足用户的阅读兴趣，更有助于培养用户的跨学科思维能力。通过将不同领域的内容联系起来并推荐给用户，智慧图书馆能够激发用户在多个领域之间进行思考和探索的能力，从而培养他们的跨学科思维。

传统上，人们往往将知识分割成不同的学科领域，但实际问题和挑战往往是复杂多变的，需要跨足多个领域进行综合思考和创新解决。通过个性化推荐，智慧图书馆可以为用户展示不同领域之间的联系和关联，引导他们在阅读和学习过程中跳出学科的限制，形成跨学科的视角。例如，一个工程师用户在阅读关于科技的文章时，可能会通过推荐接触到与艺术、哲学等领域有关的内容，从而启发他在技术创新中融入更多的思想和观念。

这种跨学科思维的培养对于用户的个人发展和职业成功都具有重要意义。在当今复杂多变的社会中，解决问题和创新往往需要多角度的思考和多学科的知识。通过个性化推荐技术引导用户涉足不同领域，智慧图书馆为他们提供了培养跨学科思维的机会。这种思维方式能够帮助用户更全面地理解问题，更灵活地应对挑战，提高他们的创新能力和解决问题的能力。

个性化推荐技术在智慧图书馆的应用不仅能够丰富用户的知识体验，更能够培养他们的跨学科思维能力。通过将不同领域的内容联系起来推荐给用户，智慧图书馆鼓励他们形成跨学科的视角，激发多角度思考的能力，从而为个人发展和职业成功提供有力支持。这种思维方式不仅在知识的交叉融合中具有价值，也在解决现实问题和应对未来挑战中具有重要作用。

3. 跨领域的推荐策略还能够促进知识的交叉融合和创新

跨领域的推荐策略在智慧图书馆的个性化推荐中发挥着重要作用，不仅能够丰富用户的知识体验，还能够促进知识的交叉融合和创新。当用户在不同领域的内容中发现联系和交叉点时，他们往往会产生新的观点和见解，从而创造出独特的思考方式，这有助于推动知识的交流、融合和创新。

在传统的学科划分中，知识往往被限制在特定的领域内，导致知识的碎片化和孤立化。然而，真正的创新往往发生在不同领域的交叉点上。通过跨领域的推荐策略，智慧图书馆为用户呈现了多个领域的内容，引导他们探索不同领域之间的关联和共通之处。例如，一个用户可能在阅读关于科学和哲学的文章时，发现了两个领域之间的联系，从而产生了新的思考和见解。这种交叉点上的思考往往能够带来创新的观点和解决问题的方式，推动知识的融合和发展。

此外，跨领域的推荐策略还能够激发用户的好奇心和探索欲望。当用户被引导去探索自己平时较少涉及的领域时，他们可能会对新的知识和观点产生浓厚的兴趣。这种好奇心的激发能够促使用户更加深入地学习和探索，从而推动知识的交叉融合。用户在不同领域的探索中，可能会发现一些领域之间的共性和联系，从而促进知识的创新和发展。

跨领域的推荐策略在智慧图书馆的个性化推荐中不仅能够丰富用户的知识体验，更能够促进知识的交叉融合和创新。通过引导用户在不同领域之间进行思考和探索，智慧图书馆为他们提供了发现新的见解和观点的机会，推动知识的融合和创新，为整个知识体系的发展注入新的活力。

4. 多样化的知识传播可以提升用户的综合素养

个性化推荐技术在智慧图书馆的应用为用户提供了一种独特的知识传播方式，这种个性化的知识传播不仅能够满足用户的个人兴趣和需求，还能够提升他们的综合素养。通过接触多个领域的内容，用户可以拓展自己的知识广度和深度，增强自己的综合素质，从而成为更全面发展的个体。

在传统的知识获取过程中，往往因为学科的限制，用户只能在特定领域内深入学习，而忽略了其他领域的重要知识。然而，现实世界是多元而复杂的，综合素质对于个体的发展至关重要。通过个性化推荐技术，智慧图书馆可以引导用户涉足不同领域，接触多元的知识内容。例如，一个对科学和艺术兴趣并存的用户，可能会在推荐中接触到有关物理学和绘画艺术的内容。这种多元化的学习经历能够帮助用户从多个角度理解世界，增强他们的综合素质。

综合素质是一个个体在不同领域的知识、技能和品格上的综合表现。通过多领域的学习，用户可以培养自己的多元思维和跨学科能力，从而更好地理解问题、分析情境，并找到创新的解决方案。例如，一个具有艺术和经济学知识的用户可能能够在市场营销中运用艺术创意，从而实现创新的推广策略。这种综合素质的提升能够使用户在个人发展、职业发展和社会参与中更具竞争力和影响力。此外，多样化的学习经历还有助于培养用户的文化修养。不同领域的知识和文化相互交融，为用户提供了更广泛的文化视野。他们可以更好地理解不同文化间的联系与差异，从而增强跨文化的理解能力和包容性。这种文化修养的提升不仅使用户在社交交往中更加开放和谦虚，也有助于构建和谐的社会环境。

个性化推荐技术引领着一种样化的知识传播模式，通过跨领域的推荐为用户提供多元化的学习经历。这种知识传播不仅满足用户的兴趣和需求，更能够提升他们的综合素质。通过拓展知识广度和深度，用户能够更好地理解世界，增强综合素养，成为更全面发展的个体。

智能搜索与信息检索优化

　　智慧图书馆引入智能搜索技术，使用户能够更精准、高效地进行信息检索。传统的关键词检索逐渐被更智能的搜索方式取代，系统通过自然语言处理和数据挖掘技术，理解用户的搜索意图，从海量的信息资源中筛选出最相关的内容。这种智能搜索大大提高了用户的搜索效率和满意度。

　　1. 智能搜索技术通过深度分析用户的搜索历史和行为，能够更准确地把握用户的兴趣和需求

　　智能搜索技术的引入为智慧图书馆的信息检索带来了深刻的变革，使用户能够更加精准和高效地获取所需的信息。相较于传统的关键词检索方式，智能搜索通过深度分析用户的搜索历史和行为，能够更准确地把握用户的兴趣和需求，从而实现更智能化的信息检索。

　　在传统的搜索方式下，用户通常需要通过输入关键词来寻找相关的信息，但这种方式存在着信息匹配不准确的问题。关键词的选择可能并不总能准确表达用户的搜索意图，导致搜索结果中可能出现许多与用户需求不相关的内容。然而，智能搜索技术却能够通过对用户搜索语句的深入分析，从中抽取关键信息，进而精准地捕捉用户的实际意图。以一个例子来说明，当用户输入"近年来关于环保的研究成果"时，智能搜索不仅仅是匹配关键词，更重要的是通过语义分析，理解用户想要了解的是近年来与环保相关的研究成果。这样的分析能够更准确地呈现用户所需的内容，避免了繁琐的关键词匹配和信息匹配不准确的问题。

　　智能搜索技术的优势在于其能够结合自然语言处理和数据挖掘等技术，将用户的搜索意图与语境紧密结合，从而为用户提供更精准、有针对性的搜索结果。这种方式使得用户能够更加轻松地找到所需的信息，无须过多关注搜索词汇的选择。智能搜索技术的应用也为用户提供了更加自然的搜索体验，用户只需要用自己的自然语言表达需求，系统就能够理解并相应地展示相关内容，提升了用户的满意度和使用便捷性。

　　智能搜索技术通过深度分析用户的搜索历史和行为，能够更准确地把握用户的兴趣和需求。相较于传统的关键词检索方式，智能搜索能够通过理解用户的搜索语句，精准地捕捉用户的意图，从而为用户呈现更为精准、有针对性的搜索结果，提高了用户的搜索效率和满意度。这种技术的引入为智慧图书馆的信息检索带来了重要的进步，也为用户提供了更智能、更便捷的信息获取体验。

2. 智能搜索技术能够在海量信息中快速找到最相关的内容，为用户节省宝贵时间

在传统的搜索方式下，用户可能需要逐一筛选搜索结果，寻找最有价值的信息。而智能搜索通过数据挖掘和模型训练，能够根据用户的兴趣和上下文，将最相关的内容呈现在用户面前。这不仅提高了用户的搜索效率，也为用户提供了更加便捷的信息获取体验。

智能搜索技术的引入为智慧图书馆的信息检索带来了显著的效率提升，使用户能够在海量的信息资源中更迅速地找到最相关的内容，从而节省了宝贵的时间和精力。与传统的关键词检索方式相比，智能搜索技术通过数据挖掘、自然语言处理和模型训练等方法，能够更精准地匹配用户的搜索意图，为用户提供更有针对性的搜索结果。在传统搜索方式下，用户可能需要花费大量时间逐一筛选搜索结果，以找到符合其需求的内容。这种过程不仅耗时，还可能导致用户产生信息过载和困惑。然而，智能搜索技术能够根据用户的搜索历史、兴趣偏好以及搜索语句的上下文，快速从海量信息中筛选出与用户需求最为相关的内容。例如，当用户搜索"最新的科技发展趋势"时，智能搜索能够通过分析用户的兴趣和上下文，将最近的科技发展趋势相关的信息呈现在用户面前，无须用户大量筛选和浏览。智能搜索技术的高效性不仅体现在信息匹配的准确性上，还体现在其能够快速检索大量的信息资源。传统搜索方式可能需要用户花费较长时间才能找到满足需求的内容，但智能搜索通过先进的算法和技术，能够在瞬间对海量的信息进行筛选和排序，将最有价值的内容呈现给用户。这种高效性不仅提升了用户的搜索效率，还使用户能够更便捷地获取所需信息，为用户的学习、研究和工作提供了极大的便利。

智能搜索技术通过在海量信息中快速找到最相关的内容，为用户节省了宝贵的时间。与传统的搜索方式相比，智能搜索能够根据用户的兴趣和上下文，精准地匹配用户的搜索意图，为用户提供更有针对性的搜索结果，从而提高了用户的搜索效率和满意度。这种技术的引入不仅为用户提供了更便捷的信息获取体验，也为智慧图书馆的信息检索服务带来了更高的质量和效益。

3. 智能搜索技术的应用还能够丰富用户的搜索体验，提供更加个性化的服务

系统可以根据用户的偏好和历史行为，为其量身定制搜索结果。例如，如果用户经常关注医学领域的研究成果，智能搜索可以为其推荐相关领域的最新文章和学术资料，满足其专业需求。这种个性化的搜索结果不仅能够满足用户的个性化需求，还能够拓展用户的知识领域，促进跨学科的学习和思考。

智能搜索技术的应用不仅在于提供高效的信息检索，更在于丰富用户的搜索体验，为用户提供更加个性化的服务。通过深入分析用户的偏好、历史搜索行为和交互信息，智慧图书馆能够为每位用户量身定制搜索结果，为其呈现最相关且有价值的内容，从而提升用户的满意度和体验。传统的搜索方式往往依赖于关键词匹配，但智能搜索技术在此基础上更进一步，能够理解用户的搜索意图和背后的需求。例如，如果一个用户在过去经常搜索关于环保的资讯，系统可以根据这一偏好，为其推荐最新的环保政策、科研成果以及环保活动等内容。这种个性化的搜索结果不仅满足用户的特定兴趣，也为用户提供了更加精准和有针对性的信息，增强了用户对搜索结果的信任感。个性化的搜索服务不仅能够满足用户的专业需求，还有助于拓展用户的知识领域。例如，一个医学领域的研究者可能在某个特定领域有深入的了解，但通过个性化推荐，他们有机会接触到与其专业领域相关但又稍有不同的领域，从而促进跨学科的学习和思考。这种拓展可以促使用户从不同的视角看待问题，培养跨学科的思维能力，进而提升其在学术、创新和实践中的表现。此外，个性化的搜索结果也能够激发用户的好奇心和探索欲望。通过向用户推荐与其兴趣相关但稍有不同的内容，智慧图书馆能够唤起用户对新领域的兴趣，促使其进行更广泛和深入的知识探索。这有助于用户开阔视野，丰富知识储备，从而培养更全面发展的个体。

智能搜索技术的应用不仅能够丰富用户的搜索体验，还能够提供更加个性化的服务。通过深入了解用户的偏好和历史行为，系统能够为用户量身定制搜索结果，满足其个性化需求，拓展其知识领域，促进跨学科的学习和思考。这种个性化的搜索体验不仅提高了用户的满意度，也为智慧图书馆的服务质量和影响力带来了积极的推动。

4. 智能搜索技术的应用为智慧图书馆增强了用户与系统的互动性

通过与用户进行自然语言的交流，系统能够更好地理解用户的需求，提供更加智能的搜索建议和结果。这种自然的交互方式使用户能够更轻松地获取信息，增强了用户对智慧图书馆的使用信心和满意度。

智能搜索技术的应用为智慧图书馆注入了更强的用户与系统之间的互动性，通过自然语言的交流方式，使用户能够更加轻松、自如地与系统进行沟通和信息检索。这种自然的交互方式不仅提升了用户的搜索体验，还增强了用户对智慧图书馆的使用信心和满意度。

传统的搜索方式往往依赖于用户输入关键词来检索信息，而智能搜索技术则可以实现更智能化的交互方式。用户可以用自然语言表达自己的搜索需求，如提问、描述等，而不再局限于特定的关键词。例如，用户可以直接问"最近关于人工智能的研究有哪些重要成果？"系统通过自然语言处理技术，能理解用户的意图，从海量信息中提取出与人工智能研究相关的最新成果，并将其呈现给用户。这种自然语言交互的方式使得用户无须事先熟悉专业领域的术语或具体关键词，更加轻松地获取信息。此外，智能搜索技术还能够为用户提供智能化的搜索建议，通过分析用户的输入和搜索历史，系统可以预测用户的搜索意图，为其提供相关的建议和选项。这有助于引导用户更准确地表达需求，提高搜索的效率和准确度。通过与智能搜索系统的自然语言交互，用户感受到了更加贴近人类思维方式的搜索体验，使得搜索过程更加亲近和友好。用户无须费力地琢磨关键词的选择，只需用自然语言进行提问，就能够获得准确且有价值的搜索结果。这种交互方式不仅增加了用户的便利性，也提高了用户对智慧图书馆的满意度和信任感。

　　智能搜索技术的应用为智慧图书馆带来了用户与系统更加自然、智能化的互动体验。通过自然语言交互，用户能够更轻松地表达需求，获得准确且有价值的搜索结果，增强了用户对智慧图书馆的使用信心和满意度。这种互动性的提升不仅提升了用户的搜索体验，也为智慧图书馆的发展和影响力增添了新的活力。

第四节 用户界面设计与互动体验

智慧图书馆注重用户体验，通过精心设计的用户界面和互动方式，使用户在使用过程中感受到便捷和舒适。用户界面的设计考虑到用户的需求和习惯，使得用户可以轻松地浏览图书馆的资源、进行检索、阅读和借阅。智慧图书馆还通过移动应用、在线客服等方式提供实时的支持，帮助用户解答问题，增强用户的满意度和互动体验。

一、精心设计的用户界面

智慧图书馆的用户界面经过精心设计，注重界面的清晰布局、直观操作和友好的交互方式。用户可以轻松浏览不同类别的资源，如图书、期刊、文章等，通过分类、标签等方式进行筛选和检索。界面的易用性使得用户无须花费过多时间来适应，从而更专注于获取所需信息。

1. 清晰布局和直观操作

智慧图书馆的界面布局简洁清晰，让用户一目了然地找到所需资源。主要功能和分类被合理地分组，避免了界面的混乱感。此外，界面的操作也是直观的，用户可以通过点击、拖拽等简单动作实现浏览和检索，无须繁琐的指令或操作步骤。

智慧图书馆的界面设计注重简洁和直观，旨在为用户提供便捷的信息浏览和检索体验。在界面布局方面，采用了清晰的分组和分类，使用户可以一目了然地找到所需的资源和功能。主要的功能模块被合理地组织在界面上，避免了过多的复杂元素，从而减少了界面的混乱感。这种布局不仅提升了用户的使用效率，还使得用户能够更快速地适应和掌握界面的操作方式。在界面操作方面，智慧图书馆采用了直观的操作方式，使用户能够轻松地浏览和检索信息，无须繁琐的指令或操作步骤。用户可以通过简单的点击、拖拽、滑动等动作来实现各种操作，这些操作方式与用户在日常使用移动设备和电脑时的操作习惯相契合。这种直观的操作方式减少了用户学习界面使用的时间和难度，让用户能够更快地实现目标，提高了用户的满意度和使用体验。除了基本的界面操作，智慧图书馆还注重用户的交互体验。例如，界面元素的大小、排列和颜色都经过精心的设计，以确保用户能够轻松辨识和选择。同时，界面上的反馈和提示信息也是用户友好的，帮助用户理解当前操作的结果和状态。这种用户中心的设计理念使得用户在界面操作过程中能够感受到自信和舒适，减少了误操作和困惑。

智慧图书馆在界面布局和操作方式上的清晰和直观性，为用户提供了便捷、高效的信息浏览和检索体验。通过合理的分组、简洁的元素和直观的操作方式，智慧图书馆使用户能够更轻松地找到所需资源，增强了用户的满意度和使用信心。这种设计理念体现了对用户需求的关注和理解，为用户创造了一个愉悦和高效的界面环境。

2. 资源分类和标签

不同类型的资源，如图书、期刊、文章等，被分门别类地展示。用户可以根据自己的兴趣选择不同分类，以便更快地找到所需内容。此外，标签系统也被用于资源的进一步分类，用户可以通过标签筛选出与自己兴趣相关的资源，提升了检索的准确性。

在智慧图书馆的用户界面设计中，资源分类和标签系统被巧妙地运用，为用户提供了更便捷和准确的信息检索体验。通过明晰的资源分类和有序的标签系统，用户可以更轻松地定位所需内容，满足他们的知识需求。

资源分类在界面布局中起着重要的作用。不同类型的资源，如图书、期刊、文章等，被有条理地分门别类地展示在界面上。这种分类方式让用户一目了然地了解到图书馆拥有的各种资源，使用户能够在不同领域中找到他们感兴趣的内容。例如，用户可以通过点击"图书"或"期刊"等分类模块，快速进入对应的资源列表，从而更高效地浏览和选择。

此外，标签系统的引入进一步增强了信息的分类和检索功能。标签是一种关键词或短语，用于描述资源的主题、内容特点等，从而为资源的进一步分类提供了便捷的方法。智慧图书馆将标签应用于不同资源上，使得用户可以通过点击或搜索特定标签，筛选出与自己兴趣相关的内容。例如，如果用户对"科技"感兴趣，他们可以选择或搜索与"科技"相关的标签，以获取相关资源的列表，从而更有针对性地满足其阅读需求。

资源分类和标签系统的设计不仅让用户更方便地浏览和检索资源，还有助于提高检索的准确性。通过将资源按照特定的主题或领域进行分类，用户可以快速定位到自己感兴趣的内容，避免了在大量资源中迷失。同时，标签系统也为用户提供了更精确的筛选和匹配功能，使用户能够更准确地获取与其需求相符的资源。

智慧图书馆在用户界面设计中巧妙地应用了资源分类和标签系统，为用户提供了更加便捷和准确的信息检索方式。通过清晰的资源分类和有序的标签系统，用户可以更快速地找到所需内容，同时也提高了检索的准确性和满意度。这种设计理念体现了对用户需求的关注和理解，为用户打造了一个便捷、高效的资源浏览和检索环境。

3. 多样化的检索方式

除了传统的关键词搜索，智慧图书馆还提供了多样化的检索方式，如高级检索、过滤、排序等。这些功能允许用户根据不同需求选择合适的检索方式，更精准地找到想要的资源。

在智慧图书馆的用户界面设计中，多样化的检索方式是为了更好地满足用户的个性化需求，提供更精准的资源检索体验。除了传统的关键词搜索，图书馆还引入了高级检索、过滤和排序等功能，使用户能够根据不同情况和需求，选择最合适的检索方式，从而更快速地找到所需的信息。

高级检索是一个重要的功能，它为用户提供了更多的检索选项，以便用户可以更精细地调整检索条件。通过高级检索，用户可以根据作者、出版年份、主题、关键词等多个维度来进行检索，从而减少不必要的搜索结果，提高检索的准确性。例如，如果用户想找到特定年份内某位作者撰写的关于环保的文章，他们可以利用高级检索中的出版年份和作者选项，更快速地找到相关内容。

过滤和排序功能则为用户提供了更便捷的方式来管理搜索结果。当用户搜索得到大量结果时，他们可以使用过滤功能，将结果按照类型、时间、作者等进行筛选，从而更快速地找到最相关的资源。排序功能则允许用户根据不同的标准对搜索结果进行排序，如按照相关性、时间等排序，帮助用户更方便地浏览结果

这些多样化的检索方式不仅提高了用户的检索效率，还允许用户根据不同需求选择最适合的方式来获取信息。用户可以根据自己的兴趣和需求，选择不同的检索方式，从而更准确地找到所需资源，减少了在大量信息中的搜索时间和精力。这种用户体验的个性化设计，体现了智慧图书馆对于用户需求的关注和理解，为用户提供了更便捷、灵活的信息检索环境。

4. 自定义设置

在智慧图书馆的用户界面设计中，自定义设置是一个重要的特性，旨在满足不同用户的个性化偏好，提供更舒适和符合用户习惯的使用体验。通过允许用户进行个性化的设置，智慧图书馆为每个用户量身定制了一个独特的界面，使用户可以根据自己的需求和喜好来调整界面的各种参数，从而更好地适应自己的使用习惯。

一个典型的自定义设置功能可以涵盖多个方面。首先，用户可以调整界面的显示模式。有些用户可能更喜欢明亮的界面，而有些用户可能更偏向于暗色调，因此他们可以根据自己的喜好选择适合自己的界面颜色，以确保长时间的使用不会造成视觉疲劳。

另外，字体大小也是一个影响用户体验的重要因素。一些用户可能需要更大的字体以便更清晰地阅读，而其他用户可能喜欢更小的字体以容纳更多的内容。通过允许用户调整字体大小，智慧图书馆可以确保用户在阅读时不会感到不适或累赘。

除了界面的外观，用户还可以调整界面的布局。他们可以选择将常用功能或分类置于界面的特定位置，以方便更快速地访问所需的资源。这种个性化的布局设计使用户能够更高效地利用界面，减少不必要的操作步骤。

在进行自定义设置时，智慧图书馆也可以为用户提供预设的设置方案，以供用户选择。例如，用户可以选择"夜间模式"以适应在低光环境下的阅读，或者选择"专业模式"以获得更多的专业功能和设置选项。这种预设设置能够为用户提供更加方便和快捷的界面定制方案。

通过自定义设置，智慧图书馆不仅提升了用户的满意度，也体现了对用户个性化需求的尊重。用户可以根据自己的偏好来调整界面，使其更符合个人的阅读和使用习惯，从而提高了用户的使用舒适度和体验质量。这种界面个性化的设计进一步增强了用户与智慧图书馆的互动，使用户更愿意在这个平台上获取信息和进行阅读。

二、个性化定制和推荐

用户界面考虑到用户的个性化需求，提供了个性化定制的功能。用户可以根据自己的兴趣和偏好进行设置，使得系统能够更准确地推荐符合用户喜好的内容。这种个性化的推荐能够帮助用户更快速地找到感兴趣的资源，提升用户的满意度。

1. 用户可以根据自己的兴趣和偏好进行设置

通过设置界面，用户可以选择自己感兴趣的主题、领域、关键词等，将个人偏好反映在系统中。例如，如果用户对科学与技术领域感兴趣，他们可以设置相关的偏好，系统将基于这些信息为其推荐与科技相关的资源。这种个性化设置能够更准确地捕捉用户的兴趣，使得推荐内容更具针对性。

智慧图书馆为了提供更加个性化的服务，充分考虑到了用户的兴趣和偏好，通过用户界面中的个性化设置功能，使用户能够根据自己的喜好定制化搜索和推荐体验。这一功能的引入，让用户成为了服务的主导者，能够更准确地捕捉用户的兴趣，从而为其提供更具针对性的内容。

通过设置界面，用户可以选择关心的主题、领域、关键词等，将自己的兴趣表达出来，从而建立起个人化的信息筛选标准。以一个实例来说明，假设用户对科学与技术领域有浓厚的兴趣，他们可以在设置中指定相关的偏好。系统会基于这些信息，自动根据用户的偏好进行推荐，例如推荐最新的科技研究报告、前沿的科学发现等。这种个性化设置使得用户无须费力地浏览大量内容，能够直接获取到自己感兴趣的信息，提高了信息获取的效率。

个性化设置不仅仅是简单地基于关键词匹配，更是通过自然语言处理和数据挖掘等技术，深入理解用户的意图和偏好。用户设置的信息会被系统收集和分析，进而形成对用户的个性化画像。基于这个画像，系统可以更准确地预测用户的兴趣，推荐与之相关的内容。例如，用户可能不只对"科学与技术"这个宏大的领域感兴趣，还可能对其中的某些子领域有更深入的需求，这些都可以通过个性化设置来表达。个性化设置的引入使得用户界面不再是单一的界面，而是根据用户需求的多样性来变化。用户可以根据自己的兴趣和需求，调整设置，使得搜索和浏览的过程更加高效和愉悦。这种定制化的体验，不仅能够更好地满足用户的个性化需求，还能够增强用户对智慧图书馆的黏性和忠诚度。用户感受到自己的兴趣得到了重视，从而更愿意在智慧图书馆的平台上进行搜索、浏览和互动。

通过个性化设置功能，智慧图书馆在用户界面设计中为用户提供了更加个性化、针对性的服务。用户可以根据自己的兴趣和偏好进行设置，使得系统能够更准确地为其推荐内容。这一功能不仅提高了用户的满意度，还促进了用户与图书馆的深入互动，形成了良好的用户体验。

2. 个性化推荐技术通过深度分析用户的阅读历史和行为，能够更加精准地把握用户的兴趣和需求

智慧图书馆的个性化推荐技术是基于深度分析用户的阅读历史和行为，从而更加精准地

捕捉用户的兴趣和需求。这一技术的背后蕴藏着强大的数据分析和机器学习能力，旨在为每位用户量身定制内容推荐，从而提供更富有价值的阅读体验。

通过深度分析用户的阅读历史，智慧图书馆能够了解用户过去的阅读记录、倾向和偏好。这种历史数据的挖掘不仅仅是简单地收集用户曾经浏览的内容，更是通过数据挖掘技术从中挖掘出隐藏的模式和关联。例如，如果一个用户过去频繁阅读与历史文化有关的内容，系统可以推断出他对历史和文化方面的浓厚兴趣。这样的了解可以帮助系统更好地把握用户的喜好，为其提供更为个性化的内容推荐。

此外，智慧图书馆还会深入分析用户的检索行为，从中捕捉用户当前的需求和关注点。如果一个用户在短时间内多次搜索与科技发展有关的内容，系统可以推测出他可能对最新的科技进展感兴趣。这种实时的分析可以使推荐更加及时和精准，满足用户的即时需求。

综合用户的阅读历史和行为分析，智慧图书馆建立了用户画像，这个画像是对用户兴趣、偏好和需求的抽象描述。基于这些画像，系统能够精准地预测用户可能感兴趣的内容，并在用户浏览平台时，为其推荐相关资源。这样的个性化推荐不仅提高了用户的满意度，还能够让用户发现更多符合其兴趣的内容，拓展其知识领域。

个性化推荐技术通过深度分析用户的阅读历史和行为，能够更加精准地了解用户的兴趣和需求。这一技术的应用不仅提升了用户的阅读体验，还为用户提供了更有针对性的内容推荐，促进了用户与智慧图书馆之间的积极互动。

3. 个性化推荐也能够帮助用户更快速地找到感兴趣的资源，从而提升用户的满意度

在信息爆炸的时代，海量的数据和资源让用户在寻找所需信息时常常感到无所适从。而个性化推荐技术的应用为用户提供了一种高效的解决方案，能够帮助他们更快速地找到感兴趣的资源，从而显著提升了用户的满意度。

在传统的信息检索方式下，用户可能需要耗费大量时间来逐一筛选搜索结果，寻找那些最贴合自己需求的内容。这过程不仅耗时，还可能让用户感到沮丧和不满。然而，个性化推荐技术的出现改变了这一局面。通过分析用户的阅读历史、喜好和行为，系统能够深入了解用户的兴趣和需求。当用户登录智慧图书馆平台时，系统会根据这些信息为其呈现一系列精准的内容推荐，这些推荐正是用户可能会感兴趣的资源。

个性化推荐技术能够在海量的信息中快速找到最相关的内容，将那些可能满足用户兴趣的资源优先展示。这使得用户不再需要花费时间和精力去搜索和筛选，而是能够直接获取到自己需要的信息。这种高效的检索方式不仅提高了用户的使用效率，还使用户感受到了更加便捷和舒适的搜索体验。

通过个性化推荐，用户不仅能够更快速地找到感兴趣的资源，还有机会发现一些他们可能未曾注意到的内容。这些可能是用户没有主动搜索过的领域，但却与其兴趣相关。因此，个性化推荐技术不仅提升了用户的满意度，还为他们带来了更广泛的知识和信息。

个性化推荐技术的应用使用户能够更迅速地找到感兴趣的资源，从而显著提升了用户的满意度。用户不再需要花费大量时间在搜索和筛选上，而是能够更专注地阅读和学习，获得更高效的信息获取体验。这种技术的发展为智慧图书馆赋予了更强的信息处理和推荐能力，为用户提供了更加优质和便捷的服务。

4. 个性化定制和推荐的应用还能够促进用户的深度参与和持续互动

个性化定制和推荐技术的应用在智慧图书馆中不仅实现了信息的精准匹配，更进一步促进了用户的深度参与和持续互动，从而构建了一个更加活跃和丰富的知识交流平台。

通过为用户提供个性化的内容推荐，智慧图书馆能够更准确地满足用户的个性化需求。用户可以根据自己的兴趣、喜好和需求进行定制化的设置，使得系统能够针对性地为他们推荐最相关、最有价值的资源。这种定制化的体验让用户感到自己的阅读喜好得到了尊重和关注，增强了用户与图书馆之间的情感联系。用户对于能够满足个人需求的服务更加感兴趣，更愿意在图书馆的平台上进行阅读、借阅、评论和分享。个性化推荐技术不仅能够满足用户的阅读兴趣，还可以为用户拓展视野，引导他们涉猎更多领域的内容。通过推荐与用户已知兴趣相似但稍有不同的领域内容，智慧图书馆为用户打开了新的阅读层面。这种策略不仅有助于用户发现新的兴趣点，还促进了跨学科的学习和思考。用户因此更有动力去深入探索知识领域，与图书馆形成了更为紧密的互动关系。此外，个性化推荐技术也能够引发用户的好奇心和求知欲。通过突出新颖、吸引人的内容，系统能够吸引用户主动去探索一些未曾涉足的领域。这种策略激发了用户的主动参与和主动探索，使得用户更加投入到知识的获取和探索过程中。用户因为获得了更多有趣、有价值的内容，从而加强了他们与图书馆的持续互动。

个性化定制和推荐技术的应用在智慧图书馆中不仅满足了用户的个性化需求，更通过引发用户的深度参与和持续互动，构建了一个更加活跃、丰富和有价值的知识交流平台。用户感受到了个人需求的关注和尊重，更愿意积极参与到图书馆的活动中，从而推动了知识的共享、交流和创新。

三、多渠道的支持和互动

智慧图书馆通过多种渠道为用户提供支持和互动机会，以确保用户的问题得到及时解答。移动应用的推出使得用户可以随时随地访问图书馆的资源和服务，极大地提高了使用的便捷性。在线客服系统则允许用户与图书馆的工作人员实时交流，解决疑问和问题。这种实时的互动方式增强了用户与智慧图书馆之间的连接。

1. 移动应用的便捷性

智慧图书馆通过推出移动应用，使用户能够随时随地访问图书馆的资源和服务。用户只需在手机上下载并安装应用，就可以轻松浏览图书馆的图书、期刊、文章等资源。这种便捷性不仅节省了用户前往图书馆的时间，还让用户能够在任何时间、任何地点获取所需信息，从而提高了使用的灵活性和便利性。

智慧图书馆的移动应用为用户提供了极大的便利性，使他们能够更加灵活地访问图书馆的资源和服务。通过推出移动应用，智慧图书馆在用户体验和互动方面迈出了重要一步，满足了现代用户对信息获取的即时性和便捷性的需求。

这款移动应用的设计旨在让用户随时随地都能够轻松浏览图书馆的资源。用户只需在手机应用商店搜索并下载智慧图书馆的应用，安装后即可享受各类资源的便捷访问。无论用户身处何地，只要拥有移动设备，就能够立即浏览图书、期刊、文章等资源，无须等待或前往实体图书馆。这种即时性的获取方式使用户能够更加高效地满足信息需求，节省了大量时间和精力。

不仅如此，移动应用还赋予了用户更大的灵活性。用户不再受限于图书馆的开放时间和地点，而是能够在任何时间、任何地点都能够浏览所需资源。无论是在公共交通工具上、等待医生的诊室中，还是在家中休息的时候，用户都可以通过移动应用来获取信息。这种便捷性不仅提高了用户的阅读效率，还能够充分利用碎片化的时间，让用户更加高效地学习和获取知识。

移动应用的推出也有助于提升用户体验的个性化。通过登录账号，用户可以自行设置兴趣和偏好，使得系统能够根据这些信息为其推荐更加符合兴趣的内容。这种个性化推荐能够让用户更快速地找到感兴趣的资源，增强了用户的满意度。而且，用户可以根据自己的喜好调整界面的显示模式、字体大小等，使得界面更加符合个人的使用习惯，提升了用户的舒适度和使用体验。

智慧图书馆通过推出移动应用，为用户提供了随时随地访问图书馆资源和服务的便捷途径。这种移动化的解决方案不仅提高了用户的使用效率，还满足了用户对信息获取灵活性的需求，同时通过个性化推荐和设置，增强了用户的满意度和使用体验。

2. 在线客服系统的实时互动

智慧图书馆引入了在线客服系统，让用户能够与图书馆的工作人员实时交流。用户可以通过聊天窗口提出问题、反馈意见或寻求帮助，工作人员会即时回复。这种实时的互动方式能够在用户遇到问题时迅速提供解决方案，提高了用户的满意度。同时，用户感受到了图书馆工作人员的关注和支持，加强了用户与图书馆之间的联系。

智慧图书馆的在线客服系统为用户带来了实时互动的便利，使用户在使用过程中能够得到及时的支持和解答。引入这一实时互动的方式，不仅有助于解决用户的问题，还增强了用户与图书馆之间的互动体验，为用户提供了更加全面的服务。

在线客服系统通过一个便捷的聊天窗口，将用户与图书馆的工作人员连接在一起。用户可以随时在系统内提出问题、反馈意见或请求帮助，而图书馆的工作人员则会在第一时间做出回应。这种实时互动的机制，使用户在遇到问题或需求时能够迅速获得帮助，避免了用户长时间等待解答的情况，从而提高了用户的满意度。

在线客服系统的实时性还能够帮助用户在使用过程中更好地理解和操作系统。用户可能会遇到一些界面操作上的疑惑，或者对某个功能的使用方法不太清楚。在这种情况下，他们可以立即与在线客服交流，得到详细的指导和解答。这种即时性的帮助能够让用户更加顺利地使用图书馆的功能，提高了用户体验。

同时，在线客服系统也强化了用户与图书馆之间的联系。用户能够感受到图书馆工作人员的关注和支持，知道自己的问题和需求得到了重视。这种亲切的互动体验会让用户产生对图书馆的归属感和信任感，从而更加愿意在图书馆的平台上进行阅读、借阅和交流。这种良性的互动循环有助于促进用户的深度参与，使用户对智慧图书馆的使用更加积极和持续。

智慧图书馆引入的在线客服系统通过实时的互动方式，为用户提供了即时的问题解答和支持。这种机制不仅增强了用户对图书馆的信任和满意度，还提升了用户与图书馆之间的互动体验。在线客服系统的应用，为用户在使用智慧图书馆的过程中提供了更加便利和全面的支持，推动了图书馆与用户之间的更深层次互动。

3. 多种互动途径的选择

除了在线客服系统，智慧图书馆还可以通过电子邮件、社交媒体平台等多种途径与用户进行互动。用户可以根据自己的偏好选择合适的沟通方式，向图书馆提出问题、建议或反馈。这种多样化的互动途径能够更好地满足不同用户的沟通需求，让用户感受到图书馆的开放和亲近。

智慧图书馆在与用户的互动方面采用了多种途径，以便更好地满足用户的沟通需求，促进用户与图书馆之间的互动和联系。这些多样化的互动途径包括电子邮件、社交媒体平台等，使得用户在与图书馆进行交流时能够选择最适合自己的方式。电子邮件是一种常见且传统的沟通方式，智慧图书馆通过提供电子邮件联系方式，为用户提供了一个正式、有条理的途径，让他们可以向图书馆提出问题、反馈意见或寻求帮助。用户可以详细地描述自己的问题和需求，而图书馆则能够在收到邮件后仔细考虑并给予回复，保障了信息的准确传达和处理。此外，社交媒体平台也成为了互动的重要渠道。通过在社交媒体上建立官方账号，智慧图书馆可以与用户进行实时的互动。用户可以通过私信、评论等方式与图书馆进行交流，甚至在公开的帖子下提出问题或分享意见。这种互动方式更加轻松和便捷，有助于图书馆与用户建立更亲近的联系。提供多种互动途径的好处在于，不同用户可以根据自己的偏好和习惯选择适合自己的沟通方式。有些用户可能更喜欢通过电子邮件进行正式的交流，而另一些用户可能更愿意在社交媒体上留言或私信。这样的灵活性让用户感受到图书馆的开放态度，同时也提高了用户的参与度和满意度。多样化的互动途径还能够促进用户与图书馆之间的深层次互动。通过不同的途径交流，用户能够在不同场景下与图书馆进行互动，从而更全面地了解图书馆的服务和资源。用户也会感受到图书馆的关注和关心，从而更有动力在图书馆的平台上进行阅读、借阅和交流。

智慧图书馆通过提供多种互动途径，如电子邮件、社交媒体平台等，使用户可以根据自己的需求和喜好选择合适的方式与图书馆进行沟通。这种多样化的互动方式不仅增加了用户与图书馆之间的联系，也更好地满足了用户的沟通需求，提升了用户的满意度和互动体验。

4. 用户社区和活动互动

智慧图书馆还可以通过创建用户社区或举办线上活动，促进用户之间的互动和交流。用户可以在社区中讨论阅读体验、分享资源推荐等，从而形成一个积极互动的学习环境。线上活动如读书俱乐部、在线讲座等也能够让用户与图书馆的资源和内容更深度地互动，丰富用户的阅读体验。

首先，智慧图书馆通过创建用户社区，为用户提供了一个在线平台，在这里他们可以自由交流、讨论、分享和互助。这个社区成为了一个汇聚了对阅读和学习充满热情的人群的地方，用户可以在这里讨论自己喜欢的书籍、文章、作者，分享阅读体验和心得，还可以推荐资源给其他人。这种社区互动不仅增进了用户之间的连接，也为用户提供了更广阔的阅读视野，启发了新的阅读兴趣，进一步丰富了用户的阅读体验。其次，智慧图书馆还定期举办线上活动，如读书俱乐部、在线讲座等，为用户提供更深度的互动体验。读书俱乐部可以围绕特定主题或书籍，邀请用户一起阅读、讨论和分享，从而形成一种集体学习的氛围。在线讲座则为用户提供了与作者、专家等交流的机会，他们可以通过直播或录播的方式参与讲座，与有影响力的人士进行思想碰撞和学术交流。这种线上活动不仅增进了用户对图书馆资源的了解和使用，也让用户有机会与图书馆和其他用户建立更紧密的联系。通过创建用户社区和举办线上活动，智慧图书馆有效地提升了用户之间的互动和交流。这些互动方式为用户提供了分享、学习、交流的机会，不仅增进了用户与图书馆之间的联系，也丰富了用户的阅读体验。用户社区和线上活动不仅满足了用户对社交和交流的需求，还为用户提供了更广阔的知识获取途径，激发了他们的阅读兴趣和学习热情，进一步提升了用户与图书馆之间的互动体验。

四、反馈和改进机制

用户界面还设有反馈和改进机制，鼓励用户提供意见和建议，以帮助图书馆不断优化和提升用户体验。智慧图书馆重视用户的声音，将用户的反馈作为改进的重要依据，不断进行界面和功能的优化，以适应用户不断变化的需求。

1. 用户意见的鼓励和收集

在智慧图书馆的界面中，特别设置了反馈通道，鼓励用户提供他们的意见、建议和体验分享。这种积极的反馈机制让用户感到他们的声音被听到和重视。用户可以通过在线表单、电子邮件或甚至直接在平台上留下意见，从而帮助图书馆了解用户的需求、关切和问题。

智慧图书馆旨在建立一个紧密联系用户的平台，其中一个关键的方面就是用户意见的鼓励和收集机制。在图书馆的界面中，特别设立了反馈通道，为用户提供了一个畅所欲言的空间，鼓励他们提供自己的意见、建议以及与平台相关的体验分享。这种积极的反馈机制不仅令用户感到被关注，更使得他们的声音成为了智慧图书馆改进的重要依据，从而营造出用户和平台之间更加积极的互动氛围。通过在线表单、电子邮件或在平台上留言的方式，用户可以便捷地分享自己的观点。这种多样的反馈渠道确保了用户可以按照自己的喜好和便利性来选择最适合的沟通方式。用户可以分享关于界面设计、搜索功能、资源种类、服务质量等方面的看法，也可以提出针对某些问题的具体解决方案。这样的反馈不仅帮助图书馆了解用户的需求，还为用户之间的互相分享经验提供了一个平台。这种积极的反馈机制还在潜移默化中培养着用户的归属感和参与感。用户在智慧图书馆中的每一次意见反馈都被认真对待，从而让用户感到自己的声音不仅仅是个别的呼声，更是整个社区的共同关心。这样的反馈体系能够有效地建立用户对智慧图书馆的信任，促进用户更深度地参与到平台的使用中。

智慧图书馆通过设立反馈通道，积极鼓励用户提供意见和建议，体现了对用户意见的尊重和重视。这种机制不仅加强了用户与平台之间的连接，还为智慧图书馆的不断改进和提升提供了宝贵的指引，使其更好地满足用户的需求和期望。

2. 实时的反馈回应

智慧图书馆在反馈和改进机制中，重视实时性，确保用户的意见和问题能够迅速得到回应。这种实时的互动机制不仅是对用户的尊重，更是一种优化和改进的关键。

反馈通道的实时性意味着用户的问题和建议能够在最短的时间内得到回应，而不需要用户等待漫长的时间。通过在线聊天、电子邮件或其他即时沟通方式，智慧图书馆能够在用户提出问题后立即进行回应。这种及时的互动方式令用户感到被关心和重视，增强了他们的满意度。

同时，这种实时互动也为图书馆的改进提供了重要的信息来源。用户的意见和问题直接指向了平台存在的问题和潜在的改进空间。图书馆可以通过迅速回应用户的反馈，了解用户的需求和期望，及时发现存在的问题，并作出相应的优化调整。这种反馈机制有助于图书馆更加敏锐地捕捉用户的反馈意见，快速作出改进，从而提升整个平台的用户体验。

实时反馈回应也构建了用户与图书馆之间的积极互动关系。用户在得到快速而有针对性的回应时，不仅会感到自己的问题得到解决，还会感受到图书馆的关心和支持。这种积极的互动关系有助于增强用户的信任感，让他们更愿意参与到图书馆的使用中，为整个社区的发展贡献力量。

智慧图书馆通过实时的反馈回应机制，不仅体现了对用户的关注和尊重，更为改进和优化提供了重要的信息来源。这种实时的互动不仅增强了用户的满意度，也使得图书馆能够更加敏锐地把握用户需求，持续优化平台，为用户提供更出色的体验。

3. 用户反馈的整合和分析

图书馆采用先进的数据分析技术，对收集到的用户反馈进行整合和分析。通过对大量的用户意见进行挖掘，图书馆可以识别出常见的问题、痛点和需求。这种数据驱动的分析有助于图书馆更加准确地把握用户的期望，优先处理紧急问题，并规划长期的改进计划。

智慧图书馆在反馈和改进机制中，不仅鼓励用户提供意见和建议，更采用先进的数据分析技术对收集到的用户反馈进行整合和分析。这种数据驱动的方法极大地提升了图书馆对用户需求和问题的洞察力，使其能够更加精确地把握用户的期望和关切。用户反馈的整合和分析过程是一个将海量数据转化为有价值信息的过程。图书馆会汇总来自各种渠道的用户反馈，包括在线表单、电子邮件、聊天记录等，将这些信息有序地整合在一起。这种集中的数据汇总有助于图书馆更全面地了解用户的问题和需求，发现潜在的问题模式和共性。

通过数据分析技术，图书馆能够从大量的用户意见中挖掘出有价值的信息。分析可以帮助图书馆发现哪些问题最为普遍，哪些需求最为紧迫。例如，如果多个用户反映了同一个问题，那么这个问题很可能是一个系统性的痛点，需要得到重点解决。同时，通过分析还可以识别出一些用户的偏好和需求，从而更有针对性地为用户提供个性化的服务。数据分析的结果不仅能够帮助图书馆快速回应紧急问题，还能够为长期的改进计划提供指导。图书馆可以根据分析结果制定改进策略，优先处理用户普遍关注的问题，规划未来的更新和优化方向。这种有数据支持的改进策略能够更加精确地满足用户的需求，不断提升用户体验。通过数据驱动的用户反馈整合和分析，智慧图书馆能够更好地了解用户的需求和问题，制定有针对性的改进策略，从而不断提升用户体验，实现持续的优化和创新。

4. 持续的改进和优化

图书馆不仅在短期内关注用户反馈，还将用户的意见纳入到长期的战略规划中。通过不断地分析和总结用户反馈，图书馆可以进行界面、功能和服务的持续改进。这种持续性的优化使得智慧图书馆能够与时俱进，不断适应用户的变化需求，提供更好的阅读和学习体验。

智慧图书馆以持续的改进和优化为目标，将用户反馈作为长期战略规划的重要依据。这种长远的视野使图书馆能够实现与用户之间的紧密合作，不断提升其服务和体验，以适应不断变化的需求和技术趋势。用户反馈不仅仅是一个解决当前问题的手段，更是一种洞察用户期望的途径。通过持续分析和总结用户的意见和建议，智慧图书馆能够发现一些更深层次的问题和机会，从而进行更全面的改进和优化。这种深入的改进是基于对用户真实需求的理解，以及对服务和功能的长期规划。在持续改进和优化的过程中，智慧图书馆将不断优化界面、功能和服务，以提高用户的满意度和体验。例如，基于用户的反馈，图书馆可以调整界面布局，优化搜索算法，添加新的功能模块等。这些改进不仅能够解决具体问题，还能够使图书馆更加符合用户的期望，进一步强化用户与图书馆的连接。持续改进和优化使智慧图书馆能够紧跟技术和社会的发展趋势。随着新技术的出现和用户习惯的变化，图书馆可以根据用户反馈进行灵活调整，确保其始终具备先进的功能和服务。这种敏捷性使图书馆能够适应快速变化的环境，为用户提供更好的阅读和学习体验。

智慧图书馆通过持续的改进和优化，不仅能够解决用户的问题，更能够满足其日益多样化的需求。这种持续性的优化使得图书馆能够与用户紧密合作，提供高质量的服务和体验，实现更加长久的成功和发展。

第五章

智慧图书馆与社区互动

第一节 社区参与数字社会建设

1. 承担社会文化责任，强化社区综合服务

随着近几年我国城市化进程的不断深入，人们生活水平的提升，使得对基础文化建设越发关注。社区文化作为基础文化建设的重要构成要素之一，可从这方面进行管理。在社区文化建设中，图书馆是其重要媒介，主要承担对文化传播和服务社区居民的社会责任，因其具有地域便利性和服务性，深受社区居民喜爱。在现阶段社会发展环境下，社区居民在精神方面的需求日益增加，因而在其工作之余将更多精力投入到社区中，在社区中完成对知识的更新、休闲娱乐和人际交往等行为。随着社区与图书馆的深入互动，为局面打造具有多种功能的全方位服务中心，进而深入强化社区综合服务，切实满足社区居民实际需求。

2. 实现文献资源高效共享

通过为社区提供丰富多元的信息资源和高效的信息服务，促进社区图书馆服务体系建设和发展。对社区而言，建设和完善图书馆服务体系，可更好吸引和保障社区文化可持续发展。图书馆应积极吸引更多的社会资源，进行协同合作，共同打造"社区阅读联盟"，与此同时，社区图书馆作为区域内小型专业机构，应充分发挥专业优势，不断探索与区域内版界、企事业单位等社会力量合作的方法和模式，寻求图书文献资源共享的发展计划，从而为进一步推广公共服务奠定良好基础。

方法

1. 构建社区教育平台，提升全民整体素质

结合当前社会发展环境，人们对知识更新需求也越来越大，并通过各种途径完成对自身知识的结构的优化和整合，以此更好顺应时代发展趋势。对社区而言，图书馆作为重要的社会文化中心，应坚持以自身为主体，同时还要根据社区内其他文化基础设施，积极构建社区教育平台，期间还要考虑到所在社区的文化需求，以居民为中心，实施针对性的文化培训、技能培养等多个类型的文化活动。另外，还可通过开展专题讲座、知识沙龙以及读书联盟等形式激发居民参与的热情，促使其享有平等的文化服务权利，满足社区居民的精神文化需求，逐渐提升居民整体素质，促进社会和谐发展。

2. 不断完善用户需求，建立社区分馆

为深入了解社区服务情况，需积极开展调查研究工作，主要针对居民文化层次、职业、休闲生活时间及对书刊文献信息等方面的认知和需求，以此更好把握社区居民个性化需求。

3. 激发社区学习热情，建立互动平台

为能够充分激发社区学习热情，可在现代化信息技术支持下，建立多渠道互动平台和沟通协作平台，从而加强沟通，更好解决问题。社区通过与图书馆联合举办多个线下活动，通过不断完善互动平台，进一步为社区居民提供个性化需求，从而满足社区居民阅读需求，增强其文化素养。

4. 完善社区参与保障机制

5. 提供个性化服务

在现阶段图书馆发展背景下，要想提高其市场竞争能力，吸引更多读者，则不仅要有完善的管理制度和服务质量，还要考虑到读者对阅读的多元化需求，因而在改革中应根据这方面，为其提供个性化服务。通过这一服务方式，极大满足读者需求，并留下深刻印象。基于此，图书馆应深入强化当前管理和服务的改革力度，根据实际情况和需求，不断扩充馆藏图书种类，期间还要确保图书质量。另外，图书馆还要对自身定位情况有较好的把握，深入把握读者需求，选择可持续发展模式，以此为今后图书馆发展奠定良好基础。此外，图书馆还应将向读者提供的个性化服务作为日常服务内容，积极与读者进行沟通互动，以此能够更好地了解读者需求，接着根据读者提出的意见和建议调整改革方案。为此，相关图书馆人员，在日常管理和服务工作中要深刻认识到个性化服务的重要性，不仅要听取读者的意见，还要顺应当前图书馆行业发展趋势，从而不断提升管理和服务优化水平。

第二节　图书馆作为社区文化中心的角色

一、图书馆在社区文化中心的重要角色

提高图书期刊阅览和租借服务

随着现代生活节奏的不断加快，利用有限的闲暇时间享受阅读是多数人非常渴望的。在这背景下，图书馆要注重这一环境的营造，丰富社区人们的生活。阅览服务作为图书馆的基本服务方式，应结合城市发展特色、社区特点及人文背景，建立特色馆藏，为人们提供精品图书、时尚杂质等阅读服务。与此同时，还应提供图书外借和出租等业务，针对有需要的读者可提供代售或代订图书等，从而满足不同读者需求。

二、提升图书馆在社区文化中功能的措施

1. 按照社区读者需求提供服务

2. 发展社区图书馆网络服务

随着社区文化的蓬勃发展，为图书馆服务开辟新的领域，而在这背景下，图书馆应积极推动网络建设，根据社区居民需求，建立社区图书馆网页，通过反映社区文化和信息帮助人们解决日常中经常碰到的问题，同时还要加强社区居民与图书馆的沟通，为其打开知识大门，让图书馆逐渐成为社区提高个人素质的和充实自我的理想场所。在社区建设中，受人文环境、地理环境和所在地社会环境差异等因素影响，使得各省市之间不平，为此，城市部门越发认识到社区文化建设的重要性，以打造文化小区，推动学习型城市，不断提高城市文明形象和公民文化素质。图书馆则要合理利用这些差异，突出社区文化建设的特点，并形成自己独特风格。通过产生自身文化和知识魅力，为社区文化建设发挥作用。这样人们能够深入感受到图书馆事业对经济建设的推动力，对提高公民素质发挥具有重要意义。

专题讲座等，为社区居民提供延伸服务。在这过程中，还应协助社区进行策划，组织各种节日活动等。开展延伸服务，既能够有效满足社区居民精神生活需要，还要不断提高社区居民素质和适应社会发展的能力。另外，还要加大对图书馆信息服务的宣传，为图书馆与社区读者创造沟通和交流的机会，从而创造和谐且友好的社区人际关系氛围。

（三）"互联网+"背景下图书馆助推社区文化建设的新途径

结合党的二十大报告，明确提出要想繁荣发展文化事业和文化产业，则需健全现代公共文化服务体系，不断创新实施文化惠民工程。通过完善社区公共文化服务体系是提高社区居民精神生活和维系社区良好人际关系的重要途径。目前我国在社区文化建设方面还存在一定的问题，具体表现在文化资源匮乏、社区图书馆等公共文化服务机构数量少等方面。图书馆作为公共文化服务体系的重要组成部分，应积极承担社区文化建设的社会责任，在"互联网+"背景下，推动传统行业发展，利用互联网的创新成果，合理应用多种途径推动社区文化建设。

"共享工程"在现代信息技术的游有效应用下，完成对文化信息资源的加工和整合，从而为大众提供高质量文化工程。该工程的完成，有效解决当前社区数字资源匮乏问题，同时还推动社区文化建设工作的开展，使得社区居民能够不受时间和地点限制获取所需资源。

第三节　社区合作与多元文化融合

一、多元文化

1. 为少数群体提供个性化服务

1.1　文献服务。图书馆的馆藏是城市文化中具有代表性的象征之一。多元文化的馆藏要能够充分反映出文化的多样性。

1.2　信息服务。主要对不同文化背景的群体提供针对性的教育、法律、就业咨询、健康常识等免费信息服务，这样能够从心理、生活和就业等方面为其创造机会，从而更好适应所居住的城市。

2. 社区活动

关于社区活动，主要指图书馆走进社区，从而吸引群众参加图书馆所举办的各类活动，主要读书俱乐部、读者聚会、图书沙龙、故事会等。社区活动是图书馆多元文化服务中最具有活力、说服力和复杂的高层次服务，也是目前图书馆多元文化服务的重点。

二、图书馆开展多元文化服务的优势

1. 丰富的馆藏资源优势

馆藏资源是图书馆开展服务工作的重要基础，要想提供优质服务，首先要有良好的馆藏资源予以支持，若缺乏丰富的馆藏资源优势，则缺少提供服务的物质基础，进而无法开展多元文化服务。随着近几年网络和新媒体的发展，图书馆发展越发迅速，在数字资源建设上，图书馆在专业性、系统性和完备性文献资源建设方面更为丰富，如部分地区图书馆会在注重不同语言不同文化背景的馆藏资源建设，这不仅更好满足社区服务需求，还为区域多元文化服务开展创造出良好条件、

2. 人才优势

大部分图书馆基本拥有一支工作经验丰富、知识结构合理且注重学习的地区各类负荷型专业人才。多数馆员不仅精通本地民族多种语言能力，还对民族传统文化有深入了解，具体包括历史资料、民族风俗、饮食、生活习惯、风土人情等。这些人才优势，使得地区的多元

文化服务更有保障。

3. 具有得天独厚的地域文化特色

受行政和隶属和地域特点影响，图书馆在融入地方社会、服务地方经济文化建设方面具有重要意义。而图书馆所在的地方具有得天独厚的地域文化特色，伴随近几年地方文化产业的发展，各地开始积极发展文化产业，不断弘扬地方文化，这不仅促进地区经济文化事业发展提供良好的契机，还为图书馆多元化服务提供重要的平台。

第六章

数字文化遗产的保存与传承

数字文化遗产的保存与传承在当代信息社会中变得至关重要。数字化技术为我们提供了保存、传播和共享文化遗产的新途径，然而，同时也带来了一系列挑战。本章将从不同角度探讨数字文化遗产的重要性、数字档案管理与文化记忆传承，以及数字展览与虚拟文化体验。

数字化文化遗产的重要性与挑战

一、重要性

数字化文化遗产是人类社会历史、文化和知识的珍贵记录。数字化技术可以将物理文化遗产转化为数字格式，使其能够在虚拟环境中得以保存和传播。这种数字化转化有助于保护文化遗产免受物理损害、时间侵蚀和自然灾害的威胁，从而确保后代能够欣赏和学习到丰富的历史和文化传承。

1. 保护和保存遗产

数字化技术使得物理文化遗产能够以数字形式保存下来，避免了受到自然灾害、腐蚀和破坏的威胁。这种数字备份可以作为文化遗产的"数字化保险库"，确保它们在不可预测的情况下得以保留。保护和保存文化遗产是社会的重要责任，而数字化技术为实现这一目标提供了强大的工具。物理文化遗产往往面临着自然灾害、人为破坏、时间侵蚀等多种威胁，这些因素可能导致宝贵的历史和文化资源的永久丧失。然而，通过将物理遗产转化为数字格式，它们得以在虚拟环境中得到保留和传播，从而减轻了实体遗产面临的风险。

数字化备份的重要性在于它能够构建一个"数字化保险库"，在数字平台上储存文化遗产的全面副本。这种数字备份不受地理位置和环境的限制，避免了自然灾害如地震、火灾、洪水等对实体遗产的毁坏。例如，古老的文献、手稿和艺术品可以通过数字扫描和图像技术被转化为高分辨率的数字副本，使得它们的物理形式能够在遭受破坏的情况下得以恢复。数字备份还能够有效地对抗时间的侵蚀和腐蚀。纸张、绘画和照片等材料会随着时间的推移而褪色、变质，但数字化的存储方式可以在一定程度上延长这些文化遗产的寿命。通过数字化，我们可以在不改变原始物品的情况下，创造出高保真的数字复制品，使得这些宝贵的资源能够得以保存下来，供后代欣赏和学习。此外，数字化备份还提供了对复杂文化遗产的更精细保存方式。对于脆弱的文物、古籍和艺术品，数字技术可以进行非侵入性的数字化扫描，以捕捉细节并保持其原始状态。这在传统的物理保护方式难以实现的情况下，为文化遗产的保护提供了新的途径。

通过数字化技术的应用，我们能够创造出数字备份，将物理文化遗产以数字形式储存，从而避免了自然灾害、腐蚀和时间侵蚀带来的威胁。这种数字化备份不仅是文化遗产的"数字化保险库"，也是保护和保存宝贵历史、文化和知识的一种创新方式。

2. 跨地域和跨时空传播

数字化文化遗产可以通过互联网和其他数字平台在全球范围内传播。这突破了地理限制，让人们无须亲临现场也能够了解和体验遗产。数字化的传播还使得文化遗产能够跨越时空，传递给不同时代的人们。

数字化文化遗产的传播具有跨地域和跨时空的特点，通过互联网和数字平台实现了全球范围内的无缝传播，同时也让文化遗产能够跨越时空，传递给不同时代的人们。互联网的普及使得数字化文化遗产能够以前所未有的方式在全球范围内传播。无论是位于城市还是偏远地区，人们只需要拥有互联网接入设备，就能够通过数字平台访问世界各地的文化遗产。这突破了地理限制，让人们无须实际前往文化遗产所在地，就能够远程欣赏、学习和体验遗产的独特之处。例如，位于亚洲的人们可以通过数字化平台欣赏欧洲的古典艺术作品，从而拓宽了他们的文化视野。此外，数字化传播还使得文化遗产能够跨越时空，传递给不同时代的人们。数字化的保存和传播方式使得历史的瑰宝得以永久保存，不受时间的限制和腐蚀的影响。这意味着今天的人们可以欣赏到古代文明的艺术作品、历史文献以及传统习俗等，与过去的人们产生联系。同时，数字化平台还为后代提供了更好的机会来了解和学习自己的文化传承，从而保持文化的延续性和传承性。例如，年轻一代可以通过数字化博物馆和在线展览了解历史事件、艺术作品和先人的智慧，从而更好地认识自己所处的文化背景。

数字化文化遗产的传播通过互联网和数字平台实现了跨地域和跨时空的范围，让人们能够在全球范围内欣赏、学习和传承文化遗产。这种数字化的传播方式不仅拓宽了人们的文化视野，也加强了不同时代之间的文化联系和理解。

3. 促进文化教育和研究

数字化文化遗产为学生、研究者和学者提供了宝贵的研究资源。数字档案的建立使得历史、文化和艺术等领域的学习变得更加便利。同时，这些数字资源还可以促进跨学科研究和深入探索。数字化文化遗产的创建和传播不仅对一般大众有着重要意义，同时也为学生、研究者和学者提供了丰富的研究资源，推动文化教育和跨学科研究的发展。

首先，数字档案的建立为学生和教育机构提供了宝贵的学习资源。学生们可以通过数字化文化遗产深入了解历史事件、文化传统和艺术作品，从而增强对各个领域的理解。例如，在学习艺术史的课程中，学生可以通过在线博物馆和数字化展览欣赏各个时期的艺术作品，从而丰富他们的知识和视野。同时，数字化资源还为教育机构提供了更多的教学工具，使教师能够更生动地传授知识，激发学生的学习兴趣。

其次，数字化文化遗产为研究者和学者提供了广泛的研究资源和素材。研究者可以通过数字化档案访问到各种历史文献、照片、音频和视频资料，这些资料可以成为他们研究的重要参考。数字化的保存和访问方式也大大提高了研究的效率，研究者无须亲自前往各地的档案馆和图书馆，就能够获取所需的资料。此外，数字化资源还促进了跨学科研究的发展。不同领域的研究者可以利用数字化文化遗产的多样化内容，进行跨学科的合作和探索，从而推动知识的交叉融合和创新。最后，数字化文化遗产的存在为深入研究和探索提供了可能性。研究者和学者可以在数字平台上对文化遗产进行深入挖掘，发现其中的隐藏故事和意义。例如，历史学家可以通过数字化文献挖掘技术，重新审视历史事件，发现新的历史线索和解释。这种深度的研究有助于丰富学术界的知识储备，推动学术领域的发展。

数字化文化遗产为学生、研究者和学者提供了丰富的研究资源，促进了文化教育和跨学科研究的发展。数字档案的建立和数字化资源的传播为知识的传承和创新打开了新的可能性，为各个领域的学术研究和文化传承带来了积极影响。

4. 文化传承与身份认同

数字化文化遗产在文化传承和身份认同方面扮演着重要角色，为后代了解自身文化根源提供了便捷途径，促进了个体和社区的文化认同感。

首先，数字化文化遗产通过将传统艺术、手工艺、音乐、舞蹈等以数字形式保存和传播，使得这些珍贵的文化元素得以流传至后代。传统艺术往往富含着历史、宗教和价值观，是文化的重要组成部分。然而，随着时间的推移，传统艺术可能逐渐消失或受到影响。数字化的保存和传播方式能够让后代轻松接触这些艺术形式，从而了解和学习传统文化的精髓，延续着文化传统。

其次，数字化文化遗产有助于保存历史文献、民间故事和口头传统。历史文献记录着过去的事件和人物，而民间故事则传承着人们的价值观和智慧。通过数字化，这些文化遗产得以保存下来，并在虚拟平台上传播。后代可以在数字化档案中了解先辈们的生活、思想和经历，从而建立起对自身文化历史的认知。同时，口头传统也得以传承，老一辈的人们可以通过数字化媒体将故事和传统分享给年轻一代，促进代际传承。

此外，数字化文化遗产还加强了个体和社区的文化认同感。在一个多元文化的社会中，人们可能面临文化认同的挑战。通过数字化文化遗产的传播，人们能够更深入地了解自己的文化传统，从而巩固自己的文化身份。社区可以通过数字平台展示自己的传统习俗、庆典和活动，让居民感到自豪和归属。这种强化的文化认同有助于增强社区凝聚力和社会和谐。

数字化文化遗产通过数字媒体的保存和传播，为后代了解自身文化根源提供了便利途径，促进了个体和社区的文化认同感。数字化的传承方式不仅有助于文化的传承，还为多元文化社会中的人们提供了重要的身份认同支持。通过数字化文化遗产的传播，我们能够更好地继承和传承丰富多彩的人类文化。

二、挑战

然而，数字化文化遗产的保存也带来了一系列挑战。数字信息的技术迅速发展，导致技术迅速过时，进而使得数字信息的长期保存和访问变得困难。此外，数字信息容易受到恶意攻击、数据泄露和篡改，这对数字文化遗产的完整性和安全性构成威胁。因此，有效的数字化文化遗产管理策略至关重要。

1. 技术迅速过时是数字化文化遗产保存的主要挑战

随着科技的不断发展，旧的数字化存储设备、格式和软件可能迅速被淘汰，导致数字信息无法长期保存和访问。这可能使得之前保存的文化遗产信息难以读取，甚至丧失。因此，需要不断更新和迁移数字信息，以确保其持续的可访问性和可读性。

技术的快速发展在数字化文化遗产保存方面带来了一系列挑战，其中最主要的挑战之一就是技术迅速过时。随着科技的不断进步，过去使用的数字化存储设备、文件格式以及软件工具很可能会迅速被新的技术所取代，从而导致旧的数字信息无法长期保存和访问。这一现象使得曾经保存的文化遗产信息面临着难以读取的困境，甚至可能因为无法解析而丧失。因此，为了确保数字化文化遗产能够持续地传承和保存，不断更新和迁移数字信息成为必要的任务。

随着时间的推移，过时的数字化存储设备和媒介将会逐渐难以维护，很可能出现硬件故障或不兼容的情况，从而导致数字化文化遗产的信息无法正常访问。而旧有的数字文件格式也可能会逐渐失去支持，使得这些格式的文件难以在新的软件环境中打开和解析。为了应对这一挑战，文化机构和管理者需要采取措施，将旧有的数字信息迁移到新的存储介质和文件格式上，以确保其能够持续被读取和访问。此外，对于数字化文化遗产来说，软件的兼容性也是一个重要的问题。随着软件的更新和升级，一些旧有的软件工具可能无法在新的操作系统环境中运行，导致无法打开和使用旧有的数字化信息。为了解决这一问题，需要保留旧有的软件版本或者将信息转换为更通用的格式，以确保其在不同的操作系统环境中仍然能够被有效地访问。技术迅速过时是数字化文化遗产保存面临的重要挑战之一。为了应对这一挑战，文化机构需要制定长期的数字信息更新和迁移计划，确保数字信息能够适应不断变化的技术环境，从而保证文化遗产的持续传承和访问。

2. 数字文化遗产面临着安全性和隐私保护的挑战

数字信息容易受到恶意攻击、数据泄露和篡改，特别是在数字化存储和传输过程中。黑客入侵、病毒攻击等威胁可能导致文化遗产的完整性受损，甚至造成数据丢失。同时，一些文化遗产信息可能涉及个人隐私或敏感信息，需要有效的隐私保护措施来防止未经授权的访问。

在数字化文化遗产保存与传承过程中，安全性和隐私保护问题显现出重要性，为文化机构和管理者带来了一系列严峻的挑战。数字信息的易受攻击性以及隐私泄露的潜在风险，使得确保数字文化遗产的完整性和保护用户隐私成为不容忽视的问题。数字化文化遗产所面临的第一个挑战是安全性问题。数字信息容易受到各种恶意攻击，如黑客入侵、病毒攻击、勒索软件等。一旦遭受攻击，文化遗产的数字化信息可能受到破坏、篡改、损毁，甚至造成数据的不可恢复性丢失。这些威胁对于文化机构和管理者而言，不仅意味着信息的损失，还可能损害到公众对于数字文化遗产保存机构的信任和认可。因此，确保数字信息的安全性是数字化文化遗产管理的重要任务之一。

另一个挑战是隐私保护问题。数字化文化遗产中可能涉及到个人隐私或敏感信息，如家谱、家族历史、个人档案等。如果这些信息未经妥善保护，就可能受到未经授权的访问和使用，引发隐私泄露问题。尤其是在互联网和社交媒体的时代，个人隐私的保护变得更加重要，因为信息的传播速度和范围大大增加。因此，数字化文化遗产管理者需要采取有效的隐私保护措施，确保敏感信息不会被滥用或泄露。

为了解决这些安全性和隐私保护的挑战，文化机构和管理者可以采取多种措施。首先，加强网络安全措施，采用防火墙、加密技术等手段来保护数字信息的安全性。其次，制定严格的访问权限和使用政策，确保只有授权人员可以访问和操作数字文化遗产的信息。此外，对于涉及隐私信息的数字化遗产，可以进行脱敏处理或匿名化处理，以降低隐私泄露的风险。

数字化文化遗产保存与传承过程中的安全性和隐私保护问题是不可忽视的挑战。文化机构和管理者需要采取一系列措施，以确保数字信息的安全性和用户隐私的保护，从而保障文化遗产的可持续传承和访问。

3. 数字文化遗产的可持续性也是一个挑战

数字信息需要持续的维护、更新和迁移，以适应技术发展和变化。然而，缺乏足够的资源和资金可能导致数字化文化遗产无法得到充分的维护和更新，从而使其在长期内难以保持可访问性和可用性。

数字化文化遗产的可持续性问题是在数字时代面临的又一个重要挑战。虽然数字化技术为文化遗产的保存和传承提供了新的手段，但随之而来的是对资源和资金的持续投入和维护需求。数字信息需要不断地进行维护、更新和迁移，以适应快速变化的技术环境，保障文化遗产信息的长期可访问性和可用性。

缺乏足够的资源和资金是数字化文化遗产可持续性的主要制约因素之一。数字信息的维护和更新需要人力、技术和财力的投入，包括数据迁移、格式转换、软件更新等方面。然而，很多文化机构和管理者可能面临有限的预算和资源，导致无法保障数字信息的持续更新和维护。这可能导致数字化文化遗产信息在时间推移中变得不可读或失去可访问性，从而无法实现其传承和价值。另一个影响数字化文化遗产可持续性的因素是技术迅速过时。随着技术的不断发展，旧的数字存储设备、格式和软件可能会迅速被淘汰，导致数字信息无法在新的技术环境下得以保存和访问。为了保障数字信息的持续性，文化机构和管理者需要不断地进行格式转换、数据迁移等工作，以适应新的技术要求，这也需要额外的资源和努力。为了解决数字化文化遗产可持续性的问题，文化机构和管理者可以考虑以下几点。首先，寻找更多的资源和资金支持，包括政府拨款、赞助捐赠、合作伙伴关系等，以确保数字信息的持续更新和维护。其次，建立有效的数字化文化遗产管理策略，包括规划数据迁移和格式转换计划，以适应技术的发展。此外，倡导数字文化遗产的开放共享和合作，可以降低维护和更新的成本，提高数字信息的可持续性。

数字化文化遗产的可持续性问题需要全社会共同关注和努力。通过合理的资源配置、有效的管理策略和开放的合作机制，可以确保数字信息的持续性，实现文化遗产的长期传承和可访问性。

4. 文化多样性的保护也是一个重要挑战

在数字化时代，保护和传承文化多样性成为了一个重要且复杂的挑战。不同地区和文化背景下的数字文化遗产拥有丰富多样的特点，包括语言、习俗、传统艺术、历史文献等，这些都是人类文化传承的重要组成部分。然而，由于资源分配的不平衡和技术发展的不均衡，一些地区的文化遗产可能无法得到充分的数字化保存和传播，导致了文化多样性的丧失和边缘化。

文化多样性的保护挑战体现在以下几个方面：

资源不足和技术差异：不同地区和国家之间存在着资源的不平衡，一些地区可能缺乏充足的资金、技术设备和专业人才来进行数字化文化遗产的保存工作。这导致了文化遗产的数字化水平不均，一些地区的文化特色难以得到充分展示和传承。

语言和字符多样性：不同地区使用不同的语言和字符体系，这使得数字化文化遗产的转换和传播变得更加复杂。涉及到多种语言的文化遗产可能需要进行翻译和转码，以适应全球范围的传播。同时，一些少数民族的语言和字符可能面临濒危的情况，数字化的努力也需要关注这些语言的保护和传承。

文化特色的表达：一些文化特色和传统艺术在数字化形式中难以完全呈现。例如，某些传统音乐、舞蹈、手工艺品等需要身临其境的体验才能真正感受到其独特之处。数字化形式可能无法完全捕捉这些文化特色的魅力，导致其价值被削弱。

为了克服这些挑战，全球社会可以采取一系列措施：

国际合作与支持：国际社会可以加强合作，提供技术、资源和资金支持，帮助资源匮乏的地区进行文化遗产的数字化保存和传承。国际组织、NGO 等可以发挥重要作用，推动文化多样性的保护。技术创新与适应：技术创新可以帮助克服文化多样性保护中的技术难题，例如多语言处理、虚拟现实等技术可以增强数字化文化遗产的传播效果。同时，技术应当考虑到不同地区和文化的需求，推动技术适应性的发展。教育与意识提升：提升公众和决策者对于文化多样性保护的意识是关键。通过教育、培训、宣传等方式，增加人们对于本地文化价值的认知，提倡尊重和保护本地文化遗产。社区参与和草根行动：文化遗产的保护不仅是国家机构的责任，也需要社区的积极参与。通过鼓励社区自主参与文化遗产的数字化保存和传承，可以更好地保护文化多样性。保护文化多样性的数字化遗产是一个需要全球协同努力的挑战。通过国际合作、技术创新、教育提升和社区参与，我们可以实现文化多样性的数字化传承，确保人类丰富的文化遗产得以传承和发展。

第二节　数字档案管理与文化记忆传承

一、数字档案管理的重要性

数字档案管理是确保数字文化遗产持久保存和传承的关键。它涉及到数字资源的选择、获取、组织、描述、存储和访问。通过建立系统化的数字档案管理流程，可以确保文化遗产的数字化版本能够长期保存，便于后代访问和利用。

1.资源选择与获取

数字档案管理首先涉及对文化遗产中的数字化资源进行选择和获取。这涵盖了从各种来源获取数字资源的过程，包括数字化的文物、文献、照片、录音等。正确的资源选择和获取过程确保了数字化文化遗产的多样性和全面性，以及避免了重复工作。在数字档案管理中，资源选择与获取是一个关键的起始步骤，它直接影响了数字文化遗产的内容丰富性、多样性和可持续性。这一阶段涉及到从各种来源收集、获取和筛选数字资源，以构建一个全面且多样化的数字档案，确保文化遗产得以全面保存和传承。

首先，资源选择阶段需要对文化遗产中的潜在数字化资源进行仔细的策划和评估。这可能涵盖了物理文物、历史文献、艺术作品、口述传统、音频视频资料等各种类型的资源。通过对文化遗产的多样性进行了解，可以确定哪些资源具有较高的价值和重要性，从而确定数字化的优先领域。其次，资源获取涉及到从不同来源收集数字资源。这可能包括博物馆、图书馆、档案馆、个人收藏、学术研究机构等。不同来源的资源可能具有不同的特点和背景，因此需要建立合适的合作关系，确保获得合法、准确且有用的数字资源。在获取数字资源时，遵循一定的标准和规范也是至关重要的。这包括确保数字资源的版权问题得到合理处理，遵循法律法规和伦理准则，以及维护数字资源的原始性和真实性。

避免重复工作也是资源选择与获取的一项重要任务。在不同机构和个人之间可能存在重复的数字化工作，因此需要进行信息共享和合作，避免浪费资源和精力。合理的资源获取策略可以确保数字化工作的高效进行，同时减少了资源的浪费。资源选择与获取是数字档案管理中的基础性环节，它涉及了对文化遗产多样性的理解、不同来源的协调与合作，以及避免重复工作的策略。通过正确的资源选择和获取过程，可以建立一个丰富多样的数字档案，确保文化遗产的全面保存和传承，以供后代学习、研究和欣赏。

2. 组织与描述

数字资源的组织和描述是数字档案管理的核心。每个数字资源需要进行清晰地描述，包括其内容、来源、创作者、日期等信息。通过标准化的描述，可以方便后续的检索、分类和筛选。有效的组织与描述确保了数字资源的系统性和可管理性。

在数字档案管理过程中，组织与描述是确保数字化文化遗产的整体结构性和可用性的关键步骤。这一阶段涵盖了对获取的数字资源进行分类、编目、整理和详细描述，以建立一个有序、易于管理和高效检索的数字档案。

首先，组织是将不同类型的数字资源进行分类和编组的过程。通过对数字资源进行分类，可以将相似性质或主题的资源放置在一起，便于后续的管理和检索。这种分类可以基于资源的内容、主题、媒体类型等因素进行，从而形成一个有层次结构的数字档案。

描述是将每个数字资源的关键信息记录下来，以便于后续的查找和理解。这些信息包括资源的标题、创作者、创作日期、来源、摘要等。通过标准化的描述规范，可以确保每个数字资源都有清晰、准确的元数据，为用户提供了丰富的信息，从而更好地理解和利用这些资源。另外，数字资源的整理也是组织阶段的重要部分。在整理过程中，数字资源可能需要进行文件命名、文件夹分配、版本管理等操作，以确保资源的有序性和易管理性。这有助于避免资源的混乱和丢失，从而保持数字档案的完整性和可持续性。有效的组织与描述还可以提高数字档案的可检索性和可用性。通过建立标准化的分类体系和元数据规范，用户可以更轻松地进行关键词检索、主题检索等，快速找到所需的资源。这有助于提高数字档案的效率和利用价值。

组织与描述是数字档案管理中的核心环节，它涵盖了对数字资源的分类、编目、整理和详细描述。通过有序地组织和清晰地描述，可以建立一个易于管理和高效检索的数字档案，从而确保数字化文化遗产的整体结构性、可用性和可持续性。

3. 存储与保存

选择合适的数字存储方案是数字档案管理的重要一环。数字资源需要存储在安全、可靠的媒介上，以防止数据丢失或损坏。同时，考虑到技术迅速过时的挑战，长期保存的策略也需要保证数字资源能够在不同技术环境下得以访问和使用。

存储与保存是数字档案管理中至关重要的环节，它涉及将数字资源妥善地保存在安全、可靠的媒介中，以确保其长期可访问性和完整性。在选择合适的数字存储方案时，需要综合考虑多个因素，包括数据的安全性、可靠性、可扩展性以及适应未来技术发展的能力。首先，数字资源需要储存在经过合适保护的环境中，以确保其免受物理损害、自然灾害和人为破坏的威胁。这可能涉及到数字媒介的物理存放，如服务器、硬盘阵列等设备，以及良好的环境条件，如温度、湿度和防火措施。此外，数据备份和冗余存储也是确保数据完整性的重要手段，以防止因硬件故障导致的数据丢失。其次，考虑到技术迅速过时的挑战，长期保存的策略需要确保数字资源能够在不同技术环境下得以访问和使用。这可能涉及到数据的迁移和转换，将数据从旧的媒介或格式迁移到新的媒介或格式中，以适应新的技术标准和设备。此外，采用开放标准和常用格式可以降低技术过时带来的风险，增加数据的可持续性。值得注意的是，数字档案管理还需要制定详细的存储策略和规范，包括数据的定期检查、备份和更新，以确保数据的长期可访问性。此外，与技术供应商建立合适的合作关系也可以获得更好的技术支持和更新，以应对技术变革带来的挑战。

存储与保存是数字档案管理中不可忽视的关键环节。通过选择合适的数字存储方案，保障数字资源的安全性和可靠性，同时制定长期保存策略，以确保数字资源能够在不同技术环境下持续地保存、访问和使用。这样可以有效应对技术迅速过时的挑战，保障数字化文化遗产的可持续性。

4. 访问与利用

数字资源的价值在于能够被广泛访问和利用。数字档案管理需要确保数字资源能够便捷地被用户搜索、浏览和获取。这可能涉及到建立用户友好的搜索界面、制定访问政策，以及保障数字资源的可用性。

在数字档案管理中，访问与利用是至关重要的一环，它关乎着数字资源的实际应用和价值。数字化文化遗产的意义在于能够被更多人广泛地访问、探索和利用，从而促进知识传承、文化交流以及学术研究的发展。

首先，建立用户友好的搜索界面是保障数字资源便捷访问的基础。一个直观且易于使用的搜索界面能够帮助用户快速地找到他们需要的资源。界面的设计应当考虑到用户的搜索习惯和期望，提供多样化的搜索选项，如关键词搜索、分类筛选、时间范围等。此外，良好的界面设计还能提供资源预览、内容摘要以及相关信息，从而使用户能够在搜索结果中更准确地选择合适的资源。其次，制定明确的访问政策也是数字档案管理的重要环节。访问政策应当明确规定谁可以访问数字资源，以及访问的条件和限制。这涉及到公开访问和限制访问之间的平衡，特别是对于涉及个人隐私或敏感信息的资源。透明的访问政策能够建立信任，让用户了解访问的规则和流程，从而更愿意积极地使用数字资源。保障数字资源的可用性也是访问与利用的关键。数字档案管理需要确保数字资源能够长期保存和持续可访问，避免由于技术过时、硬件故障等因素导致资源无法获取。为此，需要建立恰当的存储和备份机制，定期检查和更新存储设备，以保障资源的完整性和可用性。

访问与利用是数字档案管理中的重要环节，它关系到数字化文化遗产的实际应用和价值。通过建立用户友好的搜索界面、制定明确的访问政策以及保障资源的可用性，可以让用户便捷地获取并有效地利用数字资源，从而推动文化遗产的传承与发展。

二、文化记忆传承

数字档案管理有助于实现文化记忆传承。通过数字化保存和管理文化遗产，可以将珍贵的历史文献、图片、音频和视频等资源传承给后代。数字化文化遗产的虚拟传播，使人们能够远距离、跨时空地了解和体验历史文化，从而促进文化传承的跨代传递。

1. 数字档案管理可以将珍贵的历史文献、照片、音频和视频等资源保存下来，防止它们因时间的流逝、物理破损等原因而丧失。

这些资源承载着丰富的历史信息和文化内涵，是传承文化记忆的珍贵载体。通过数字化保存，这些资源可以得到有效的保护，使后代能够从中汲取知识和智慧。数字档案管理在珍贵历史文献、照片、音频、视频等资源的保存方面具有重要作用。这些资源作为文化遗产的珍贵载体，承载着丰富的历史信息和文化内涵，是传承文化记忆的不可或缺的一部分。然而，这些物质文化遗产往往受到时间的流逝、物理破损等因素的威胁，可能面临永久丧失的风险。正是在这种背景下，数字化的保存成为了保护和传承这些资源的有效手段。通过数字化保存，这些珍贵资源得以转化为数字格式，摆脱了物理形态的限制，降低了受损风险。数字档案管理通过对这些资源进行数字化处理，将其内容和特征转换为数字编码，从而确保了其在数字环境下的持久保存。数字格式的资源可以通过适当的存储介质和技术手段，避免了受到物理磨损、腐蚀、自然灾害等因素的影响，保障了它们的原始状态和价值不会随时间而减损。数字档案管理的这一特性使得后代能够从中汲取知识和智慧。数字化保存不仅仅是资源的冷冰冰的复制，更是为了让这些资源能够在未来得以访问和利用。后代可以通过数字平台，浏览历史文献、观赏古老的照片、聆听传统的音频和视频，从中了解过去的生活、思想和价值观。这些数字资源的存储和访问方式使得知识的传承变得更加便捷和广泛，为学习、研究和认识历史文化提供了丰富的材料和资源。

数字档案管理在保护和传承珍贵的历史文献、照片、音频和视频等资源方面发挥着至关重要的作用。通过数字化保存，这些资源得以有效地保护，防止了它们因时间和物理因素而丧失。同时，数字化的访问方式使得后代能够从中汲取知识和智慧，促进了文化记忆的传承和发展。数字档案管理在这一过程中扮演着关键的角色，确保了文化遗产的持久保存和跨代传递。

2. 数字化文化遗产的虚拟传播使得人们能够远距离、跨时空地了解和体验历史文化

通过数字平台，人们可以浏览历史文献、观赏古老的艺术作品、聆听传统音乐，甚至参与虚拟的历史场景重现。这种虚拟体验使人们能够更加身临其境地感受历史文化的魅力，促进了跨代传递和交流。

数字化文化遗产的虚拟传播为人们带来了跨越时空的体验，让历史文化得以重新焕发生命，促进了跨代传递和交流。通过数字平台，人们得以远距离、跨时空地了解和体验历史文化，创造了一种全新的互动和沉浸式体验。数字平台为人们提供了浏览历史文献的机会，让人们能够深入了解过去的事件、人物和思想。古老的手稿、书信、报纸等文献通过数字化的形式得以传承，人们可以透过数字档案管理的虚拟展示，仿佛置身于历史的现场，感受历史变迁和发展的轨迹。这种体验使人们能够更加深刻地理解历史的背景和意义，增强了对文化传承的认知和参与感。

此外，数字平台还能够呈现古老的艺术作品，让人们欣赏到传统艺术的美妙。古代绘画、雕塑、建筑等艺术形式通过数字化技术得以保存和传播，人们可以在虚拟展览中近距离欣赏这些珍贵的艺术创作。虚拟展览的互动性使人们能够自由地探索不同的艺术品，深入了解艺术家的创作背景和意图。这种艺术的虚拟体验使人们能够更加身临其境地感受到艺术的情感和表达，促进了文化艺术的传承和创新。另外，数字平台还为人们提供了聆听传统音乐和参与历史场景重现的机会。传统音乐的录音和重现使人们能够感受到不同文化背景下的音乐风格和情感表达。而虚拟的历史场景重现则让人们仿佛穿越时空，亲身体验历史事件和文化场景。这种沉浸式的虚拟体验使人们能够更加直观地了解历史文化的情景和背景，激发了对历史的好奇心和兴趣。

数字化文化遗产的虚拟传播通过数字平台为人们带来了深入、身临其境的体验，使人们能够远距离、跨时空地了解和体验历史文化。通过浏览历史文献、欣赏艺术作品、聆听传统音乐和参与虚拟场景，人们能够更加深刻地感受文化传承的魅力，促进了历史知识和文化智慧的跨代传递和分享。这种虚拟体验不仅丰富了个体的文化认知，还加强了社会对历史文化的共识和尊重。

3. 数字档案管理还能够促进文化记忆的研究和学术探索

研究者和学者可以通过访问数字化文化遗产，开展深入的历史、文化和社会研究。这些研究不仅有助于更好地理解历史事件和文化传统，还能够为后代传承提供更多的知识支持。

数字档案管理在促进文化记忆的研究和学术探索方面发挥着重要作用。通过数字平台提供的数字化文化遗产，研究者和学者能够展开深入的历史、文化和社会研究，从而增进对过去的理解和认知。数字化文化遗产作为珍贵的历史资源，为研究者提供了宝贵的研究素材。历史文献、照片、录音等数字资源包含着丰富的历史信息和社会记忆，研究者可以通过对这些资源的分析和解读，还原过去的历史事件、社会背景和文化脉络。通过数字档案管理的有效组织和描述，研究者能够更加便捷地访问和利用这些资源，从而开展更加深入和全面的研究。数字化文化遗产也为学者们提供了多维度的研究视角。不同类型的数字资源能够支持跨学科的研究，帮助学者从不同角度来探讨历史和文化的问题。比如，历史文献可以为社会历史学提供历史事件的详细记录，照片和艺术作品可以为艺术史和文化研究提供视觉素材，录音和视频可以支持音乐学和表演艺术的研究。这些多样化的资源使得学者能够开展更加丰富和深入的学术探索，为文化记忆的传承和研究提供了更多的可能性。

通过对数字化文化遗产的研究，学者们能够为后代传承提供更多的知识支持。他们可以通过研究成果，向公众介绍历史事件、文化传统和社会发展，促进社会对文化记忆的认知和理解。同时，研究者的工作也为教育领域提供了宝贵的教材和教学资源，帮助学生更好地了解自己的文化根源和历史背景。

4. 数字化文化遗产的传承也能够增强人们对自己文化身份的认同感

数字化文化遗产的传承在增强人们对自身文化身份的认同感方面发挥着重要作用。通过数字平台，人们能够更加便捷地接触和了解自己文化的根源、历史和价值观，从而加深对自己文化传统的情感联系，促进文化记忆的传承和发展。

数字化文化遗产为个体和社区提供了一个深入了解自己文化身份的途径。通过在线数字档案和展览，人们可以浏览历史文献、照片、音频和视频等资源，了解自己所属文化的演变过程、传统习俗和重要事件。这种深入了解可以帮助人们更好地认知自己的文化背景，形成自信的文化认同。数字平台还促进了跨代的文化传承。年轻一代通过数字化文化遗产，能够更加便捷地了解祖辈的生活、价值观和故事。这种跨时空的连接使得年轻人能够更好地理解自己的文化根源，加强对传统的认同感。同时，长辈们也可以通过数字平台与年轻一代分享他们的经历和故事，实现文化记忆的跨代传递和交流。数字化文化遗产的传承还能够激发人们对文化传统的兴趣和参与。通过数字展览、在线社区和互动活动，人们可以积极参与文化传统的讨论、分享和学习。这种参与感促使人们更加深入地探索自己的文化身份，从而增强了对文化传承的关注和认同。此外，数字化文化遗产的传承也为文化的创新和发展提供了动力。通过数字平台，人们可以与不同文化之间进行交流和对比，吸收各种文化元素，创造出新的文化表达形式。这种文化的创新和融合既尊重了传统，又促进了文化的活力和多样性。

数字化文化遗产的传承不仅有助于加深人们对自身文化身份的认知和认同，还能够促进文化记忆的跨代传递、激发文化兴趣和参与，以及推动文化的创新和发展。数字平台为个体和社区提供了一个广阔的空间，让人们更好地探索、传承和发展自己的文化，进而形成更加多元、丰富的文化景观。

第三节　数字展览与虚拟文化体验

一、数字展览的价值

数字展览是数字化文化遗产传播的一种重要形式。通过虚拟展览平台，人们可以在线浏览展品、了解历史故事、深入了解文化背景。数字展览的互动性和多媒体特点为观众提供了更丰富、更立体的文化体验。

1. 数字展览突破了地理和时间的限制，为观众创造了随时随地的文化体验

数字展览作为一种创新的文化传播形式，极大地拓展了观众的参与和体验方式。首先，数字展览突破了地理和时间的限制，为观众创造了随时随地的文化体验。无论观众身在何处，只需通过互联网连接到虚拟展览平台，就能够欣赏展品、了解历史故事。这种便捷性使得文化遗产的传播不再受限于实际参观地点和时间，让更多人能够方便地参与其中。

传统的实体展览受限于地理位置和开放时间，观众需要前往特定的地点，才能欣赏到珍贵的文化展品。而数字展览则将这一限制彻底打破，使得观众可以随时随地通过互联网访问展览内容。无论是在家中、办公室，还是在旅途中，观众都可以借助数字展览平台，进入一个虚拟的文化世界，与文化遗产亲密接触。

其次，数字展览的虚拟性质为观众提供了更加丰富多样的体验。通过虚拟展览平台，观众可以以更加交互式的方式与展品互动。他们可以逐一浏览展品，点击获取详细信息，甚至在某些情况下进行虚拟现实体验。这种互动性不仅增加了观众的参与感，也丰富了文化传播的形式，使得观众能够以更加深入的方式理解文化背景和内涵。

此外，数字展览的多媒体特点为观众提供了更加全面的文化体验。传统实体展览通常通过文字和静态图片来呈现展品，而数字展览可以通过图片、音频、视频等多种媒体形式展示文化遗产。观众不仅可以看到文物的外观，还能够聆听历史故事、欣赏艺术作品的细节，甚至在一定程度上体验虚拟的历史场景。这种多媒体特点丰富了展览内容，使观众更加全面地了解和感受文化遗产的价值。

最重要的是，数字展览能够吸引更广泛的观众参与文化传承。由于数字展览的虚拟性质，观众不再受制于地理位置和时间限制，任何人都可以通过互联网平台访问展览内容。这有助于将文化遗产的传播范围扩大，吸引更多不同背景、兴趣和年龄层的人参与。数字展览的多样性和互动性也能够激发年轻一代对文化遗产的兴趣，促使他们更加积极地了解和传承文化记忆。

数字展览作为数字化文化遗产传播的一种重要形式，通过突破地理和时间限制、提供互动体验、展现多媒体特点以及吸引更广泛观众参与等方面，为观众带来了丰富多样的文化体验。它不仅为文化遗产的传承注入新的活力，也为观众提供了更加便捷、多样、深入的文化参与方式。

2. 数字展览的互动性为观众提供了更加参与式的体验

观众不仅可以 passively observe 展览内容，还可以通过点击、探索、互动等方式深入了解展品。例如，虚拟展览可以通过展示详细的图片、文字、音频和视频等多媒体元素，让观众更全面地了解展品的背后故事和文化内涵。

数字展览作为一种创新的文化传播形式，极大地丰富了观众的参与体验，其中互动性更是其独特之处。数字展览的互动性为观众提供了更加参与式的体验，使他们不再是被动地观看展览内容，而是能够积极地与展品互动，深入了解文化遗产的背后故事和内涵。

传统的实体展览通常限制在展品的静态呈现，观众只能通过观看文字介绍和静态图片来了解展品。然而，数字展览通过多媒体元素的运用，为观众提供了更加丰富多样的展示方式。观众可以通过点击展品，探索展品的不同角度，观看高清图片，聆听音频讲解，甚至观看与展品相关的视频内容。这种多媒体的展示方式使得观众能够更加深入地了解展品，从不同维度感知文化遗产的价值。更重要的是，数字展览的互动性使观众能够参与到展品的解读和探索中。观众不仅仅是 passively observe，而是可以根据自己的兴趣和好奇心，选择性地点击展品，了解更多相关信息。例如，观众可以点击特定部分的图像，了解细节信息；他们可以点击音频讲解，聆听专家对展品的解读；还可以参与互动游戏、问答环节，进一步加深对展品的认知。这种参与式的互动让观众不再是单纯的观看者，而是成为了文化传承的参与者和共同创造者。此外，数字展览的互动性也为观众提供了个性化的体验。观众可以根据自己的兴趣和需求，选择性地浏览展品、深入了解某些内容，甚至与展品进行互动。这种个性化的体验使得观众更加投入，能够更好地与展品产生共鸣，从而深化对文化遗产的理解和感受。

数字展览的互动性为观众带来了更加参与式、丰富多样的文化体验。通过多媒体元素的运用，观众可以深入了解展品的背后故事和文化内涵，参与到展品的解读和探索中。这种参与式的互动不仅丰富了观众的体验，也为文化传承注入了新的活力，使观众成为了文化遗产的共同创造者和传承者。

3. 数字展览丰富了文化传播的表达方式

通过多媒体元素的运用，数字展览能够以更生动、立体的形式展示文化遗产。观众可以通过视觉、听觉等多个感官来体验展览，从而更加深刻地理解和感受文化的多样性和丰富性。这种多元化的表达方式使得文化传播更具吸引力和感染力。

数字展览作为一种创新的文化传播形式，通过多媒体元素的运用，能够以更生动、立体的形式展示文化遗产，为观众呈现丰富多样的体验。传统的文化遗产展览往往局限于静态的展示，观众只能透过文字、静态图片等有限的媒介来了解展品，无法全面地感受文化的多样性和丰富性。然而，数字展览的运用多媒体元素打破了这种限制，为观众提供了更加丰富的感官体验，使他们能够更加深刻地理解和感受文化的多元魅力。

首先，数字展览通过视觉的呈现，能够将文化遗产以更具艺术感和表现力的方式展示给观众。高清的图片、图形和图像动画等可以展示细节之美，让观众近距离欣赏文物的精湛工艺、细致纹理等。观众可以通过观看精美的图片，感受到文化遗产的美感和审美价值，从而更加深入地体验文化的内涵。其次，数字展览通过听觉的引导，使观众能够通过音频、音乐等方式深入了解展品。观众可以聆听音频讲解，专家对展品的解读和故事，使展品的历史背景、文化内涵得以生动展现。音乐和声音也可以营造出展品所在时代和环境的氛围，让观众更加身临其境地感受历史的魅力。此外，数字展览还可以通过视频的运用，将展品的使用场景、历史故事以及文化活动展示给观众。视频可以将静态的展品呈现出动态的一面，展示文化遗产在实际环境中的应用和影响。观众可以通过观看视频，更加直观地了解文化遗产的历史背景和社会价值。最后，数字展览的互动性为观众带来了更加全面的体验。观众不仅可以通过点击、探索等方式来互动，还可以通过互动游戏、问答环节等方式加深对展品的认知。这种多元化的互动方式使得观众不仅仅是观看者，更像是参与者，能够更加全面地了解文化遗产。

通过多媒体元素的运用，数字展览能够以更生动、立体的形式展示文化遗产，为观众呈现丰富多样的体验。视觉、听觉、视频等多感官的参与让观众更加深刻地理解和感受文化的多样性和丰富性。这种多元化的表达方式使得文化传播更具吸引力和感染力，为文化遗产的传承注入了新的活力。

4. 数字展览有助于吸引更广泛的观众群体参与文化传承

虚拟展览的互联网性质使得观众不再受限于地理位置，不同年龄、背景、兴趣的人都可以参与其中。这有助于将文化遗产的传播范围扩大，促进了文化的多样性和包容性。

二、虚拟文化体验的创新

虚拟文化体验不仅仅局限于数字展览，还可以通过虚拟现实（VR）和增强现实（AR）技术创造更丰富的体验。通过这些技术，人们可以沉浸式地探索历史场景、参与互动活动，进一步丰富了文化遗产的传承和体验。

1. 深入到历史场景和文化背景

无论是走进古老的博物馆、参观古代建筑，还是亲临历史事件的现场，用户都可以通过VR体验到一种身临其境的感觉，进而更加深刻地理解和感受文化遗产的魅力。

深入到历史场景和文化背景的虚拟体验，正是虚拟现实（VR）技术在文化领域的创新之一。无论是置身于古老的博物馆内，还是参观重要历史事件的现场，用户都能够通过 VR 技术切身感受到身临其境的沉浸感，从而更加深刻地理解和感受文化遗产的魅力。

通过虚拟现实技术，用户可以仿佛穿越时空，置身于古老的场景之中。比如，他们可以探索古代建筑的内部结构和细节，如同真正置身其中一般。古老建筑的瑰丽装饰、精妙构造都能在虚拟世界中得以还原，使用户能够更加深刻地理解古代文化和建筑艺术的精髓。此外，虚拟博物馆也为用户提供了一个远离现实，却又仿佛亲临历史的机会。用户可以逐一观赏珍贵的展品，通过虚拟导览了解文物的背后故事，从而更好地感受文化的厚重与独特之处。

不仅如此，虚拟现实技术还能够让用户参与到历史事件的重现中。例如，用户可以身临其境地观察历史事件发生的场景，亲身感受当时的氛围和情景。这种身临其境的互动体验，使用户更加投入其中，加深了他们对历史事件的理解和感受。此外，虚拟现实技术还可以创造出一种时间上的跨越，让用户在虚拟世界中与历史人物互动，了解他们的思想、生活和影响。

通过深入到历史场景和文化背景的虚拟体验，VR 技术为用户带来了一种身临其境的感觉，使他们能够更加深刻地理解和感受文化遗产的魅力。这种亲身参与的体验，不仅丰富了用户的文化知识，还激发了他们对历史和文化的浓厚兴趣。虚拟现实技术为文化遗产的传承和传播带来了全新的可能性，让人们能够以前所未有的方式亲近历史，感受文化的独特魅力。

2. 增强现实（AR）技术将虚拟元素与现实世界相结合，创造出与虚拟文化体验相结合的全新方式

增强现实（AR）技术的引入，为虚拟文化体验带来了全新的维度，将虚拟元素与现实世界相融合，创造出了一种前所未有的交互体验。通过 AR 技术，人们可以在现实场景中看到虚拟的文化展品、历史人物，甚至是虚构的场景，从而将虚拟世界与真实世界相互交织在一起。这种创新的体验方式丰富了文化传承和体验的方式，也为用户带来了更加亲身参与和探索的机会。

AR 技术的核心思想在于将虚拟信息叠加在现实世界之上，通过手机、平板电脑或其他设备的屏幕，用户可以在现实场景中看到虚拟的元素。举个例子，当用户在历史古迹前打开 AR 应用时，他们可以通过设备的摄像头观看到虚拟的古代建筑、人物等内容，这些内容与实际场景相互融合，仿佛将历史重新演绎在眼前。这种沉浸式的体验使用户能够更加深入地了解历史和文化，同时也为他们提供了一种全新的参与方式。

通过 AR 技术，用户可以在现实环境中与虚拟元素进行互动。例如，他们可以通过触摸屏幕，了解虚拟展品的详细信息，观看虚拟人物的演讲，甚至可以参与虚拟的互动活动。这种交互性的体验使用户能够更加深刻地了解文化信息，激发了他们的参与和探索欲望。此外，AR 技术还可以为用户提供定制化的体验，根据用户的兴趣和需求，呈现不同的虚拟内容，使每个人都能够获得独特的文化体验。

增强现实技术为虚拟文化体验带来了全新的可能性，通过将虚拟元素与现实世界相结合，

AR 技术创造出了一种交互性、沉浸式的体验，丰富了文化传承和体验的方式。用户可以在现实环境中与虚拟内容互动，深入了解历史和文化，同时也激发了他们的参与和探索欲望。增强现实技术为虚拟文化体验带来了更加丰富和多样化的可能性，让用户能够以全新的方式亲近文化遗产，感受历史的魅力。

3. 虚拟文化体验的创新还包括互动活动的丰富性

通过 VR 和 AR 技术，人们可以参与虚拟的文化活动，例如与虚拟历史人物互动、参加虚拟文化节庆等。这种互动性不仅仅是被动地观看，更是一种身临其境的参与，使用户能够在虚拟环境中亲身体验文化的魅力。

除了丰富的虚拟内容和沉浸式体验，虚拟文化体验的创新还包括了互动活动的丰富性，通过虚拟现实（VR）和增强现实（AR）技术，人们可以参与各种虚拟的文化活动，为文化传承和体验注入了新的活力。

在虚拟环境中，用户可以与虚拟历史人物进行互动。通过 VR 技术，历史人物的虚拟形象可以被重现，并且用户可以与其进行对话、提问甚至合影。这种互动体验让用户有机会仿佛穿越时空，与历史名人面对面交流，更深入地了解他们的思想、生活和影响。

此外，虚拟文化体验还可以模拟各种文化活动和节庆。通过 AR 技术，用户可以参与虚拟的文化节庆，如传统节日庆典、艺术展览等。他们可以欣赏虚拟的演出、参与虚拟的游戏，甚至在虚拟的环境中体验独特的文化活动。这种互动性不仅仅是被动地观看，更是一种身临其境的参与，使用户能够在虚拟环境中亲身感受文化的魅力。

在虚拟文化体验中，互动活动的丰富性为用户提供了更多参与的机会，使他们能够更深入地了解文化遗产并与之互动。这种体验不仅满足了用户的好奇心和探索欲望，还为文化传承带来了新的可能性。通过与虚拟历史人物互动、参与虚拟文化活动，用户能够以前所未有的方式参与到文化体验中，感受历史的生动和文化的多彩。虚拟文化体验的互动活动丰富性将文化传承推向了一个全新的高度，让用户能够在虚拟环境中融入文化的精髓，切身体验文化的魅力。

4. 虚拟文化体验的创新还为文化遗产的传承和保存提供了新的途径

虚拟文化体验的创新为文化遗产的传承和保存提供了崭新的途径，通过数字化技术和虚拟现实（VR）与增强现实（AR）技术，我们能够以前所未有的方式保护、呈现和传播珍贵的文化遗产，为后人留下宝贵的文化财富。

数字化技术使得文化遗产的数字化存储成为可能。许多文化遗产，如古籍、古画、历史文物等，因受时间和环境的侵蚀而逐渐褪色和破损。通过数字化技术，这些珍贵的资料可以被高精度地扫描、拍摄和记录，转化为数字化的形式。这不仅有助于保护它们免受进一步的损害，还可以为后人提供可靠的数字化副本，使这些文化遗产能够在未来得以传承。

而 VR 和 AR 技术则为文化遗产的呈现和传播带来了全新的维度。通过 VR 技术，人们可以虚拟地走进历史场景，穿越古代建筑，仿佛置身其中，感受历史的厚重和文化的魅力。

AR 技术则将虚拟元素融入到现实场景中，让用户可以在真实的环境中观看虚拟的文化展品、历史人物等。这种交互性的体验使得用户能够更加深入地了解文化信息，增强了他们对文化遗产的认知和情感共鸣。

通过数字化技术和虚拟现实技术，珍贵的文化遗产可以以更生动、直观的方式呈现给大众。无论是展示古代文明的辉煌，还是呈现传统艺术的精髓，这些技术为人们提供了全新的感知和认知方式。同时，这也为文化遗产的传承和保存提供了新的途径。通过数字化存储和虚拟呈现，文化遗产得以永久保存，而大众也可以通过虚拟体验感受到文化的精华。

虚拟文化体验的创新为文化遗产的传承和保存提供了独特而有力的工具。数字化技术和虚拟现实技术使得文化遗产得以数字化存储和全新呈现，让更多人能够深入了解、欣赏并传承这些宝贵的文化财富。这种创新不仅丰富了文化传承的方式，也为珍贵的历史遗产赋予了崭新的生命力。

第七章

技术与文化的平衡

第一节　科技创新与文化传承的关系

一、传统文化传承

1. 传统文化中的创新精神

创新精神是一个民族绵延不息的灵魂，创新精神在传统文化中得到了充分的体现。我国《易经》中就提到"天行健，君子以自强不息。地势坤，君子以厚德载物"，这其中充分体现了以自我修养为基础的自强不息、不断进取的精神，自强不息的精神是中华民族创新精神的重要内容，这种自强不息的精神数千年来激励着中华儿女奋勇开拓不断进取，对社会经济发展有重要作用。人民是时代发展的主体，我们应当传承传统文化中的这种创新精神，树立以创新促发展的理念，为社会进步和时代发展作出贡献。

2. 传统文化中的创新理念

从思想理念方面来看，中华传统文化中有许多革新进取相关的思想，《周易·系辞上传》第五章中提到"日新之谓盛德，生生之谓易"，汤之《盘铭》曰："苟日新，日日新，又日新"等等，数千年前，远古仙人就已经认识到了想要适应社会环境就要不断革新进取。另外，古人在治理国家时也强调变革和变化，认为国家想要长盛不衰则必须要改革和创新，有道"周虽旧邦，其命维新""易，穷则变，变则通，通则久"，唯有革新才能通达和长久。

3. 传统文化中的创新实践

诸子百家争鸣的先秦时期，墨家坚持可知、物本的理念，不仅重视逻辑方法也同样注重科学方法，唯独墨家对科学技术表现出一种与众不同的价值取向，《墨经》中的知识领域涉及几何学、数学、力学、光学、物理学以及工程技术知识等诸多方面，其所涉及到的许多概念、原理等达到了较高的科学水平。墨家科技思想所富含的科学精神为中国古代科学的发展开辟了有力的道路。墨家的实践创新重视科学技术的发展和技术在劳动生活中的应用，秉持"为天下兴利除害"的思想理念，注重将科技用于社会生产生活中，善于在工艺、技术方面进行变革创新，如，发明制造和应用车梯、滑车等机械工具，应用在生产生活和军事领域。图书馆设计也应当传承这种创新实践理念，在科技文化知识传承和传播过程中融入创新实践理念，发展科技创新精神，使进入图书馆的读者也能够拓展视野，学到更多意想不到的科学技术知识。

4. 传统文化中的存疑态度、"学""问"精神

古圣先贤存疑好问的存疑态度、"学""问"精神对创新思维的发展有着重要的指导意义。《论语·卫灵公》中孔子曰"不曰如之何，如之何者，吾未如之也已矣"，《孟子·尽心下》中孟子曰"尽信书，则不如无书"，这些古圣先贤都是我们善疑敢疑、勤钻好问的榜样。在疑难问题面前孔子主张要"不耻下问"，打破等级观念，虚心学习。汉代王充提出"知物由学，学久乃知，不问不识""苟有不晓解之问，造难孔子，何伤于义？诚有传圣业之知，伐孔子之说，何逆于理？"其"疑"、"问"精神甚至达到了敢于挑战权威的境界。南宋朱熹亦提出"学贵知疑，大疑则大进，小疑则小进，不疑则不进"，认为疑、问是成长进步的关键所在。

5. 传统文化中的社会革新精神与实践

就社会实践认识论而言，王夫之主张"行可兼知，而知不可兼行""知行相资以为用"，认为人在实践活动中具有能动作用，体现出积极进取的理念，提出"道莫盛于趋时""守其故物而不能日新""日新而不困"，认为顺应时代变化不断革新才能避免枯槁而亡。在社会变革实践过程，商鞅改革变法成就了强秦，王安石变法过程中提出"天变不足畏，祖宗不足法，人言不足恤"，也体现了难能可贵的革新精神和开拓创新的巨大勇气。人类能够持续发展得益于社会不断变革和更新，传统文化也十分重视事物的变化和更新，中华民族不断发展也得益于求新、求进步、积极变革、不断探索、与时俱进的思想理念，这是中华民族不断进步和发展的灵魂所在，为中华民族不断发展进步提供内在动力。

6. 传承传统文化的精髓

传统文化的精髓是以爱国主义为核心的伟大民族精神，这种爱国主义是在五千年的发展过程中形成的，体现了中华儿女的团结统一、爱好和平、勤劳勇敢、自强不息。通过对传统文化的传承，人们能够对经济、政治等方面有更宏观、全面的观察，有利于正确、客观、全面的认知社会，提升辨别是非的能力；大胆质疑，勤学好问、虚心学习，不断积累文化知识，提升自身修养，促进社会和文明的进步。

二、中国传统文化对科技创新的闭环约束机制

从实际情况来看，中华传统文化给科技创新也带来了一定的负面效应。从负面效应来看，我国以往为小农经济，小农经济为主导的封建经济体制很大程度上限制了商品经济和市场竞争，这使得技术革新缺少了内在动力和内在需求；儒家思想的影响下，过于注重人文，使得技术革新在政治经济方面被边缘化，技术革新理念不受社会主流所重视，在社会意识层面缺乏必要的推动力；我国古代人才选拔采用科举制度，科举制度下的人才成长之路指向名利，对培养创新人才较为不利，培养出的人才大多缺乏对科技创新的追求，使得科技革新缺乏根本动力。从经济体制、社会意识、人才培养等各个方面，科技创新都受到一定的约束和制约。从政治、经济制度和科技两者之间的关系来看，二者互相影响，互相制约，又相互促进，当

其中一者发生变化，另一者也会做出相应的响应，与之构成一个闭合的循环。这主要是因为制度很大程度上决定着生产方式，而社会生产力受到生产方式的制约，生产技术在生产力的需求下产生革新的需求，可以说，从根本上决定技术发展和革新的还是制度；以技术作为切入点，创新技术有利于提升生产力，从而促使生产方式发生变革，新的生产方式意味着相应的社会政治、经济体制的变革，社会制度也会相应的发生变化。

纵观中华数千年的科技发展史，从制度和科技的这种互相影响的情况来看，从刀耕火种到使用多样化的农具、器具进行生产，从技术层面已经发生了天翻地覆的变化，且不止是农业生产、手工艺生产、工业生产等诸多生产领域都发生了质的飞跃，促进了原始社会向封建社会、封建社会向现代社会的演变。但根据以往情况来看，当技术变革满足了封建农业经济生产的基本需求后，技术水平在某种程度上处于几乎停滞的状态，被定格在某种发展水平，这主要是因为当前的封建社会体制未发生质的变化，封建制度千年来只是在同一层面上不断进行内卷和自我复制，从而使得封建政治制度和科技创新之间形成一个制约作用的闭合循环。

因此，从传统文化对科技创新的制约情况来看，技术难以革新的根本原因是政治制度层面的守旧，该闭环约束机制是以封建政治体制为核心，由封建经济制度、封建意识形态、人才培养机制等共同构成的，使得科技创新没有得到真正的发展和进步。

三、科技文化创新

1. 科技成果改造传统文化

借助科技成果改造传统文化可以使传统文化被更多年轻群体所接受，使传统文化的传播范围更广，可以说科技成果对传承、传播和发展传统文化有重要作用。而对于传统优秀文化资源的保护，科学技术也能够在其中发挥重要作用，借助科学修复技术、加工制作技术和信息化展示设备，能够推动传统优秀文化的发展。以药品、食物为例，利用科技文化将传统中药制成颗粒的形式，使得中药被更多的患者所接受，促进中药的发展。在传统文化传承中，科技文化创新并未受到足够的重视，更多注重的是科技的创新或文化发展，而科技在文化的创新方面受到的关注较少，二者没有实现有机的结合。使用科技成果改造传统文化时，图书馆可以在其中发挥重要作用，图书馆可以开展科技文化知识的讲座和科学实践活动，使社会公众可以对科技成果及其原理有更多的了解，对技术有更深刻的认知，形成科学逻辑，提升科学素养，为推动科学技术的发展和学习新的科学技术文化知识奠定基础。

2. 以传统文化精髓驱动科技文化创新

创新是促进社会发展的动力，对科技进行创新的过程实际上就是突破传统科技的过程，需要以传承传统文化精髓作为科技创新的驱动力，传承传统文化中积极进取的精神和理念，提升创新能力。科技创新和科学发展大大促进了社会的发展，但技术本身的巨大的生产力也带来了一定的不良后果。以传统文化精髓驱动科技创新，保护自然环境，并能够有效避免科技进步带来的一系列道德伦理问题；以传统文化精髓作为做人、做事的标准，科技研究人员发挥创新精神和"疑问精神"，大胆提出自己对科学技术的想法，通过自己的想法推动科学技术创新。图书馆管理和服务创新中，也可以以传统文化精髓驱动创新，打造智慧图书馆，为读者提升科技文化素养提供更便捷的途径。

2.1 传承厚德载物、厚积薄发的理念

古有"闻鸡起舞""囊萤映雪""凿壁偷光"，勤学苦练、孜孜以求是中华人民的优秀品德，也是中华传统文化尤为突出的优秀传统之一。孔子有"发愤忘食，乐以忘忧，不知老之将至""学而不厌"的勤学境界，张载有"学必激昂自进，不至于成德，不取安也"的勤学主张，荀子有"学不可以已"的勤学训诫，等等，无不展示传统文化中的"勤学"。对科技创新的过程中，科技研究人员也需要具备这种勤学苦练、孜孜以求的理念，勤于学习，深入钻研技术，在理论知识和技能方面进行完善，才能为科技创新奠定坚实的基础。

22 .传承存疑、好问、虚心学习的精神

疑是发现问题的前提，问是探索的基础，学习是解答疑惑的方式，想要实现科技的创新，则必须要具有存疑、探究、虚心学习的精神，传承优秀的文化精神。在发展技术问题上"不唯上、不唯贤、不唯书"。从人类发展历史来看，思想在碰撞、交锋中才能够迸发出绚烂的火花，先秦"百家争鸣"就是真实的见证。从中华数千年历史来看，历代古圣先贤在存疑、好问、勤学、革新等方面都为我们树立了优秀的榜样，对我们在技术层面树立创新意识有重要的指导意义。

2.3 秉持合理的思想，遵循合理之道

中庸之学讲究合理、恰当的解决问题，这也是中华传统文化的精髓。孔子认为处事过犹不及，不能太过抑或不及，应当采用最合理的方式，这正是中庸的本质。一些人常将中庸误解为折中主义，从而认为中庸之道是保守的、庸俗的、怯于突破之义。但事实上，中庸之道和折中主义存在本质区别，中庸所强调的合理的精神对科技创新有着重要的现实指导意义。在发展和创新技术的过程中，常常因为技术带来的积极影响而忽略带来的环境危害、道德伦理等问题，对技术的盲目崇拜和依赖使得在思想意识上放松了对技术负面影响的警惕，基于此，应当秉承着合理的思想，透彻领域中庸之道，合理的对待科技创新带来的好处和负面效应，避免科技创新在技术应用问题上偏离中庸之道。

2.4 辩证对待传统文化

每个民族的传统都有自己的独特性，民族性、时代性和继承性，技术的革新、文化的发展都受到传统文化的影响。基于传统文化探究创新能够发现现代化建设的一般规律，传统文化中能够找到现代化的文化支持系统。而一个社会在开拓创新、寻求持续发展过程中，并不是要抹杀它过去的文化传统，发展现代文化、技术，并且从根本上来说，现代文化、科技是在传统文化的基础上对优秀传统文化进行了继承和发展，再结合时代精神而形成的，实现文化的传统性与时代性的有机统一。以往封建社会制度背景下，中国传统文化对科技创新和发

展有一定的阻碍和制约，儒家思想作为主流思想，过于偏重人文，使得社会对科技的发展和创新有一定的忽视，但优秀传统文化对科技创新有重要的推动作用。中国古圣先贤的思想蕴含着丰富的科技理念，存在着最充分意义上的科学，为科学的发展开辟了有利的道路。因此，科学发展的过程中，中国传统文化不需过分自卑，应当辩证的对待传统文化，树立文化自信，传承优秀传统文化。

必须对科学伦理有敬畏之心。在世界科学发展过程中，中国科学具有崇高的地位，但在发展现代自然科学过程中，机械唯物论、唯科学主义等给人类社会也带来了一些道德问题，但中华传统文化中蕴含着道德精神，从中华传统文化中能够找到解决这些问题的答案。在科技创新和发展的问题上，我们应当以辩证的 V 态度对待传统文化，合理扬弃，科学继承，做好优秀传统文化的传承，和科技相融合，在现代化过程中大力推进科技创新。

3.科技文化的不断调整

科技文化是随着科学技术和时代不断发展的，而文化和科技的发展都会受到传统文化的影响。以文化为动力，保持科技文化的先进性，将传统文化和科技文化融合，科技文化能够实现进一步发展。图书馆建设过程中，工作人员也应当不断学习先进的科学技术知识，与时俱进，拓宽学习视野；图书馆建设也应当融入先进的科学技术和科学文化，为读者提供广阔的学习空间，激发读者的学习兴趣，开展创新实验活动，促进读者提升科学文化素养，从而为社会进步提供良好条件。

4.科技文化创新推动传统文化发展

在特定的文化氛围和环境中，科学文化创新得以形成，而科技创新对传统文化的发展有重要的推动作用，为传统文化的复兴、传承、传播和发展提供技术保障，为文化发展开辟新的道路，拓展文化发展空间。图书馆建设过程中，也可以应用先进的科技扩大文化的传播范围，使读者通过先进的科学技术更高效、便捷的学习文化知识；可以开展科学实验活动，为社会公众提供动手实验的机会，使社会公众有机会独立自主设计实验方案、收集实验数据、总结实验，理解科学技术原理，增强文化综合素养，为科技创新提供人才保障。

第二节	避免技术依赖陷阱的策略

一、技术依赖陷阱相关概念

科技作为一个国家的核心竞争力，越来越多的国家认识到技术创新的重要性。企业作为技术创新的主体，企业的科技水平能够在很大程度上反映国家的科技水平。在市场发展的过程中，一些企业没有遵循客观的经济规律，受到社会条件、知识基础等主客观条件的制约，从而陷入技术创新的路径依赖陷阱中，因技术创新滞后或失败而在激烈的市场竞争中难以立足。技术创新固然重要，但也要遵循其内在规律，其中一个重要的规律性便是技术创新的路径依赖。

技术依赖指的是技术创新的路径依赖，指在进行技术创新时受到社会条件、知识基础、历史背景等方面的制约而产生的依赖性。技术依赖的表现形式具有多样性，从技术发展方面来看，企业采用某种新技术时，受技术之间的关键性、规模经济、网络外部性、信息成本等多方面影响，使得该技术的发展被固定在特定的某一轨道上，从长远来看，并不如其他技术的生产效率高。一定的社会条件下，技术才能得以发展，这正是这些特别的社会条件决定了技术发展的路径，想要实现技术创新和发展，就需要突破原有的社会条件，打破路径依赖。而当技术环境发生根本性变化时，如果不能及时调整原有的技术创新战略，则会陷入技术依赖陷阱，遭受毁灭性打击。

二、技术依赖陷阱形成的原因—技术创新路径依赖

技术依赖陷阱的形成是因为技术创新过程中的路径依赖，而技术路径主要依赖于企业现有技术、企业认知局限性和企业文化三方面因素。

1. 企业现有技术的约束

企业现有技术是企业目前在市场立足的核心竞争力，而尽管一些企业已经陷入技术依赖陷阱，但尚未察觉或没有正视，依旧投入大量的资源进行技术创新、工艺创新和产品创新，持续扩张产品需求，陷入短暂的繁荣中，必然导致企业在技术依赖陷阱中越陷越深。

2. 企业认知局限性的约束

创新需要不断试错和不断学习，而从一条学习路径转到另一条学习路径的代价是巨大的，学习路径的单一性使得企业认知具有一定的局限性，创新所需的技能很少是个人技能，单个技术人员的能力也未必能够满足创新要求。创新所需的技能大多是特定的、相互依存的、共同合作的群体技能，需要技术人员具有丰富的组织知识、经验积累等。因此，企业认知的局限性使得企业技术创新存在路径依赖。

3. 企业文化的约束

企业文化是一个历史概念，是经过历史实践证明的，企业文化是企业工作人员广泛接受的价值观念，和工作人员的行为准则和行为方式有紧密联系。工作人员的价值观念和行为准则会不自觉的受到企业文化的影响。使用企业文化引导企业员工的行为实际上是用过去的经验指导员工今天的行动。当企业文化越有力，员工的异质价值观念则越受到排斥，越强调员工价值观和行为准则的统一性，这使得企业创新战略也规范制约，陷入技术依赖陷阱。

三、陷阱超越对策

想要超越技术依赖陷阱，则必须将突破技术创新路径作为根本策略，即企业必须转变原有的思维模式，从根本上转变行为方式、精神意志，笔者提出以下构思：其一，建立内部风险投资实体，营造健康的技术创新环境，突破现有技术的约束；其二，建立虚拟组织，外取资源，降低核心技术成本，加强企业价值活动的外部性，弱化认知局限性的约束；其三，加强组织学习，打造学习型企业文化，合理的改造和更新企业历史文化，突破企业文化的约束。

1. 建立内部风险投资实体

传统研发活动主要是利用企业市场竞争力和现有技术，和传统的研发活动不同的是，企业内部风险投资则是通过获取新的竞争力和不断学习对新市场和新技术进行尝试性探索，从而促进企业技术的发展。基于企业创新大环境和风险投资本身的特点，建立风险投资实体并独立开展风险投资活动具有必要性。企业创新环境特征主要分为三方面：分别是根据现有产品进行营销绩效评估、预算系统支持短期利润回报和渐进式；技术效率比技术创新重要。而风险投资具有高不确定性、高风险性、新颖性，当企业风险投资活动失败，企业现有的核心技术会受到影响，建立内部风险投资实体，降低其风险和开发成本，保障企业良好发展。

2. 建立虚拟组织，外取资源

企业发展需要制定合理的战略，这意味着企业需要合理的取舍，如果过于执着核心能力的提升，所建立的创新优势甚至可能超越目标，而潜在的新技术缺少资源支持，则不利于发展。上世纪企业主要在核心能力的基础上通过实施水平或垂直多元化达到成长的目的，如今新技术研发周期大大缩短，企业如果还像以前一样则容易加剧技术依赖特征，而如今市场竞争激烈，企业为了保持现有地位则想要加速发展，从而在技术依赖陷阱中越陷越深。而建立

虚拟组织，外取资源，能够使企业降低维持核心能力的成本，加强企业价值活动的外部性，弱化认知局限性的约束，

3. 加强组织学习，打造学习型企业文化

企业形成的核心能力主要来源于组织知识创新，而组织知识创新需要企业具有一定的文化氛围，因此，企业必须加强组织学习，倡导组织知识创新，打造学习型企业文化，营造良好的企业文化氛围，合理的改造和更新原有的企业文化，从而突破企业文化约束下的技术依赖陷阱。这种学习型的企业文化指的是企业应当在强调主导价值观念的同时不能排斥员工的异质价值观念，允许甚至鼓励异质价值观念的存在。另外，这种学习型的企业文化还应当具有宽容性、开放性，应当是允许员工犯错的。创新的过程需要不断的试错和学习，允许员工犯错，员工才不会感到束手束脚，企业才不会一板一眼的发展下去，才能够突破技术依赖陷阱。

第三节 人性化设计与文化情感表达

一、人性化设计

1. 智慧图书馆人性化设计理念

产品是为了解决人的实际需求而生，因此设计和塑造产品的过程都是以人为出发点，人性化设计理念由此而生。人性化设计理念，顾名思义就是以人为中心来理解设计目的和要求，首先应当体现在对人本身的的关爱，体现在人的生理和心理两个方面，前者强调设计对人的身体的适用性、舒适性，需要对人的行为方式多加研究；后者更加倚仗于对人文精神的体现。产品是以人的个性化需求而设计和制造的，在构思阶段就把人作为设计的重要参数，体现了设计本身服务于人的理念。这样的情况下，想要真正做到人性化产品设计，就要花费大量时间进行调研，深入调查产品消费人群的文化层次、心理需求、生活习惯、色彩等等各方面信息。图书馆设计理念也要与时俱进，智慧图书馆建设过程中秉承着个性化设计理念，立足读者的实际需求，一切管理与服务为了读者。在进行智慧图书馆建设时，应当注重选用的产品应当是适合自身的，应当是人性化的、环保的、节能的，能够使读者感受到舒适和便利的。

2. 智慧图书馆人性化设计

2.1 布局的人性化

合理的布局应当以人员的密度成金字塔形分布，具体来说，其一，图书馆通常有多个楼层，且人流量存在一定的变化，在进行图书馆建设时应当提前预测人流量，根据楼层和人流量情况将书库设在低层，从而便于读者出入，便于借阅和归还图书，促进图书的流通；遇到紧急情况时方便快速转移，保障人和图书的安全。其二，将阅览和藏书相结合，集中读者公共活动空间。方便读者选书用书。其三，尽量将技术服务和内部工作安排在高层，减少人为带来的噪音干扰，提升工作效率。

2.2 物理环境设计的人性化

其一，采光与通风。a. 采光。图书馆的环境应当是明亮宽敞的，这是图书馆环境的优势。白天图书馆人流量较大，自然光具有光质好、均匀、照度大、节约能源的特点，光线的来源主要是自然光，因此，图书馆建筑设计时应当注重采用多窗户设计，采用透光性好的材料，从而为读者提供明亮宽敞的环境。透明材料容易被人所忽视，还要注意在使用透明材料的位置标注"小心碰撞"的警示，以免出现碰撞的情况；还可以将自然光顺利引入图书馆内部空间，将书架和光源保持平行放置，尽可能地利用自然光，节约能源。b. 照明。太阳能作为环保、可再生资源，智慧图书馆建设中可以有效利用太阳能，使用节能型能源也是人性化和绿色环保的完美体现。智慧图书馆建设中可以使用太阳光二极管百叶窗，这是一种人工智能百叶窗，是节约能源的一种方式，能够使图书馆室内保持冬暖夏凉，当窗户设置为冬天档时，百叶窗会尽力的将室外光线吸收进来，却不使之散发，并保持适宜的室内温度；如果百叶窗设置在夏天档，则会将阳光反射在外面，减少热量进入室内，保持室内有适宜的温度。一些图书馆夜间仍旧开放，这意味着灯光的照明是必不可少的。以往图书馆一般采用高密度的日光灯，但过多的日光灯也会造成电力资源的浪费，并且读者坐着学习和工作时，日光灯从顶部射入容易形成阴影，因此，智慧图书馆建设中可以采用日光灯和节能型大灯结合，提升感光度和清晰度，为读者和工作人员提供明亮的环境，有效保护视力。c. 通风。图书馆常年放置较多的图书且人流量较大，通风条件会直接影响图书馆室内的空气质量。进行智慧图书馆建设时，应当将通风因素作为重要的考虑因素，找出引入空气的最佳角度和位置，可以设置换气设备调节室内空气质量，并在不同的季节设置不同的空气置换装置，百叶窗就属于卓越的通风设备。d. 净化空气。可以采用生态结构、炭质结构实现空气净化效果。生态结构设计主要是利用绿色植物，这主要是因为有一些绿色室内植物能够吸收有害气体，降低室内二氧化碳浓度，一定程度减少细菌数，净化空气，保护视力，并给人的心理以舒适感，提升人的反应能力，调节人的身心功能。炭质结构设计主要是使用竹炭，竹炭价格低廉且具有良好的环境调节作用，在进行图书馆建设时将竹炭放在墙体中合适的位置，能够防潮并净化空气。尤其是在江南地区，每天的梅雨季节雨量较大，为了充分保护图书馆内的书籍，应当采取有效的防潮措施。

其二，家具和设备。图书馆是公共场所，其中需要众多的桌椅、书架，是公共家具密集的场所，桌椅、书架等都应当符合人体生理学、工程学原则，从而使读者能够在图书馆中长时间学习但能够有较少的疲劳和不适感。基于此，智慧图书馆建设中，可以进行如下设计：a. 靠背。在两个书架之间放置靠背，靠背可以采用三角形落地结构，具有良好的抓地性能和可移动的特点，并根据书架长度设置靠背的数量。这主要是因为三角形的落地结构具有稳定的特点，可以承受较大的压力，有效缓解读者查阅图书资料和阅读图书资料时的疲劳感，这充分体现了人性化设计理念。b. 人性化椅子。椅子的主要功能是帮助人体承受重力，减轻身体的疲劳感，无论是读者还是馆内工作人员都需要使用椅子，一天中为身体服务最多的也是椅子，因此，应当选用造型美观、结构合理的椅子，通过使人坐姿前倾而膝部得到支撑，使人的身体保持自然状态和平衡状态，矫正坐姿，使读者和工作人员能够更好地休息和工作。智慧图书馆建设中采用人性化设计理念意味着设计师不仅应当考虑产品造型、舒适度等问题，还需要结合心理学、美学、社会学、人体工学等多方面内容，以"一切为了读者"为服务宗旨，为他们定做合适的椅子，减轻读者长时间查、阅图书资料的生理负担，从精神上体贴关怀他们。c. 图书定位系统。可以在图书馆一楼大厅设置图书定位系统，用于读者查询馆藏文献的所在位置，提升馆藏文献资料的查找效率和读者利用图书馆的效率。例如，通过馆藏文献定位系统，读者查询到所需要的图书信息后，根据索书号直接进入相应的书库查找相应的图书，从而提升读者利用图书馆的效率；对于一些不常进入图书馆或不熟悉馆藏的读者来说，图书馆可以设置图书跟踪、定位系统，了解图书的位置信息后，通过图书馆平面图就可以了解该图书所在的楼层、书架号以及具体位置，使读者能够更快速地找到相关图书，也便于工作人员开展馆藏文献的自查和整理工作，提升图书整理效率。另外，图书馆全体工作人员应当具备良好的工作热情和服务态度，将"以人为本"理念贯穿于智慧图书馆全过程管理与服务中，为智慧图书馆创造人性化的学习、阅读环境。

3. 人性化服务设计

为了能够给读者提供更加人性化的服务，智慧图书馆建设中可以构建不同的服务情境，打造多元空间服务生态，具体来说，可以打造具有特色和良好服务的书吧、主题图书馆、特殊群体服务空间等新型公共文化空间。

3.1 "粤书吧"类新型公共文化空间设计

新型阅读空间的特点是情境化、体系化、动态化、个性化的场景设计，可以将旅游景区、酒店、民宿等嵌入其中，丰富服务形态，合力打造图书馆阅读空间品牌，使图书馆能够形成规模服务，更加人性化、智慧化，提升文化空间的功能体验，更好地满足读者的多层次需求，落实"以人为本"的人性化理念。图书馆可以和当地文化旅游部门、社会力量加强联合，共同打造新型文化空间，该文化空间是类似于"读书驿站""简阅书吧""书吧""粤书吧"这种形式，该新型公共文化空间主要由政府主导并广泛联合社会力量。

3.2 城市书房类阅读推广空间设计

如今我国已经进入全面建成小康社会阶段，公共阅读推广空间作为代表全面建成小康社会进程中图书馆服务的创新成果，应当顺应当今社会"双创"形势，加强图书馆创新管理和服务。城市书房作为智慧图书馆的一种形式，面向社会公众免费开放，有利于推动全民阅读，是人性化设计理念的体现。智慧图书馆建设过程中打造城市书房类的阅读推广空间，城市书房通常具有地方文化底蕴，探索和建设特色服务项目，从而使读者能够享受特色化、个性化的服务，这是人性化设计的充分体现。可以以空间为抓手进行独特的空间设计，并开展具有吸引力的阅读活动，邀请名人入驻图书馆，采用空间泛在化布局，吸引更多的社会公众进入图书馆，享受特色的阅读服务。

3.3 主题图书馆类专题活动空间设计

主题图书馆活动空间具有小规模集群的特点，是一个有温度的文化社交中心，不同的主题可以有不同的面向人群，更好地满足不同人群的阅读需求，为读者提供高质量的文化服务，落实人性化设计理念。智慧图书馆建设可以采用总分馆的形式，先进行相关试点，保障正式开展主题阅读活动空间服务的质量。主题图书馆活动空间可以划分为琴棋书画、音乐、科技、运动、诗词文化等多种主题，打造具有地域特色和服务特色的主题活动空间，满足读者多元化、个性化、动态化的阅读需求，落实人性化服务设计。

3.4 特殊群体服务空间

特殊群体也是社会公众的一分子，想要落实人性化设计理念，则也应当为特殊群体构建相应的阅读空间。社会特殊群体主要包括老弱病残，因此，智慧图书馆建设中可以针对儿童、青少年、残疾人、老年人等群体提供个性化、均等性的服务，可以针对婴幼儿打造婴幼儿服务空间，针对盲人打造盲人阅览空间，针对青少年打造青少年创客空间[1]，针对老年群体打造老年人阅读空间，从而保障特殊群体的阅读需要，从而落实人性化服务设计理念。还可以联合社会力量打造"爱心母婴室"，联合当地基层司法所针对司法所刑释解教人员打造"微图书馆"，为特殊群体打造相应的空间，提供人性化的服务设计。

3.5 读者分龄的空间设计与服务

智慧图书馆建设中为了落实人性化服务设计理念，可以根据读者的不同年龄段进行分层空间设计，为不同年龄段的人群提供针对性的学习资源。例如，可在图书馆高层设置琴、棋、书、画、陶器制作等实践专题活动空间，提供实践类服务，设置工具图书、地方文献阅览区，提供探讨和体验的空间；在中层设置报刊、VR 虚拟互动体验、自然科学、社会科学等阅览空间、创客空间、研讨空间，设置沙盘、模型等展示区，提供相应的服务；在人流量大的一楼大厅设置导向系统、图书定位系统、低幼读者玩具馆、少儿图书阅览区、青少年阅览学习区，落实读者分龄的空间设计和服务。其中，少儿图书阅览区可以开展"读书分享会""少儿英语"等阅读推广活动，从而为少儿多读书、读好书提供条件；该区域还可以细化为亲子阅读区和少儿阅览区，采用色彩鲜艳、造型可爱的书架和桌椅，结合少儿这一阶段的身体特点选择高度、大小合适的桌椅，提供启蒙玩具、益智玩具、主题玩具等多种类型的儿童玩具，为少儿提供人性化的玩具借阅、趣味图书阅览等多种服务，提升对幼儿的吸引力，让少儿对阅读产生亲近感。青少年阅览学习区可以细化为主题图书区、休闲阅览区等；实践专题活动空间可以供读者研习书法绘画、临摹画帖等，提供静态阅读和动态体验的双重服务，满足读者的多层次需求。

3.6 技术交互与人文体验融合

图书馆是一个信息中心，也是传播文化知识的重要场所，因此，首要任务便是满足读者对信息和知识的需求，这也是能够体现智慧图书馆人性化服务设计的首要方式。对此，智慧图书馆建设过程中应当完善无线网全覆盖、自主打印扫描、车辆停泊等配套设施，提供 3D 打印体验、虚拟 VR 体验等服务。另外，智慧化图书馆建设过程中还可以采用移动端访问的远程办公方式，读者可以随时随地使用手机、ipad 等移动设备登录图书馆 APP、微信公众号，

---

[1] 创客空间便是众创空间，即创新型孵化器。"众"是主体，"创"是内容，"空间"是载体。是顺应创新 2.0 时代用户创新、开放创新、协同创新、大众创新趋势，把握全球创客浪潮兴起的机遇，根据互联网及其应用深入发展、知识社会创新 2.0 环境下的创新创业特点和需求，通过市场化机制、专业化服务和资本化途径构建的低成本、便利化、全要素、开放式的新型创业公共服务。

从而实现随时随地阅读本图书馆馆藏的电子书籍；采用 PC 端远程包存取方法，利用门户远程连接电子图书资料供应商的服务器，使图书资源更具有开放性，读者经过相应的身份验证后则可以通过 PC 端使用本图书馆的图书资源或者按照 IP 区域设置固定使用；采用手机扫描的阅读方式。引入触屏直立设备，设备中包含本图书馆可对外开放的所有电子图书资源，以便于读者可以使用智能手机通过扫一扫直接下载书籍；图书馆内可以设置电子阅览室，没有计算机和网络设备的读者可以在图书馆的电子阅览室中获得免费的网络服务，观看相应的电子书籍和视频资源。

二、文化情感表达

1. 图书馆建设人文情感表达的必要性

图书馆内图书文献资源数量众多、种类繁杂，这样的情况下，图书导向系统和定位系统是必不可少的，合理而准确的导向系统、定位系统能够为读者指明方向，节省寻找图书位置的时间，提升图书馆利用效率。在智慧图书馆建设中也不例外，应当设置导向系统和图书定位系统，在实现图书馆的基本功能之外，还要有一定的文化性和人文关怀。

1.1 人文情感表达的心理需求

图书馆是面向社会全体公众开放的公共场所，进入图书馆的群众大多是对信息、知识、文化有渴求的人，并且通常具有一定的文化基础和阅读基础，对于精神文化有一定的需求，会更加追求精神层面的满足感。因此，智慧图书馆中应当注重图书馆馆内的色彩、材质、图形等方面的设计，其物理环境应当能够体现一定的文化感和趣味性。如，墨尔本 St Joseph 学校图书馆馆内采用了跳跃的色彩和不规则形态的图形，使得图书馆空间具有变化性，给读者以充满生机的感觉，使图书馆的氛围不再那么沉闷，读者在阅读图书时心情更加轻松愉快。

1.2 人文情感表达的环境需求

近年来，我国正在推行"全民阅读"活动，开展全民阅读活动对践行社会主义核心价值观，提升国民科学文化素质，建设社会主义文化强国有重要意义，是国家增强文化软实力和综合国力的必要之举，是实现中华民族伟大复兴中华梦的必经之路。想要实现全民阅读，则图书馆需要充分发挥文化传播的作用，吸引更多的社会公众前来阅读和学习。而一些城市和乡村地区的图书馆数量较少，受到距离的限制，倘若空间设计、环境设计和服务管理不能做好人性化，则会直接影响读者数量。基于这样地理环境的原因，图书馆的空间、环境、服务应当充满人文关怀，从而对社会公众产生强烈的吸引力，让更多的社会公众有兴趣前往图书馆阅读书籍。

2. 智慧图书馆文化情感表达实现路径探析

以主动的方式向用户提供智能的文化体验和服务是智慧图书馆进行文化情感表达的主要方式。智慧图书馆想要向社会公众进行文化表达应当坚持需求驱动，转变智慧图书馆的构建模式，加强"智能"和"文化"的融合，以读者的文化需求为革新，借助智能化技术实现文化传播、创新等人文功能。这样的路径下，最首要也是最重要的就是准确把握读者需求，如何准确把握读者需求？智慧图书馆的建设是基于云计算、人工智能、数据挖掘、大数据处理、语音识别、图像识别等智能技术，可以开展智能化的用户大数据分析和信息情报分析，对当前社会公众的多层次、个性化的需求以及社会文化发展方向进行动态挖掘，为建设人性化的文化环境、特色文化空间提供需求依据和数据依据，吸引更多的社会公众进入图书馆借、阅图书。另外，智能图书馆进行文化情感表达过程中加强"智能技术"与"文化"的融合，是因为"技术"和"文化"具有相同的目标，二者都是为了充分发挥图书馆的价值，都是提升图书馆服务能力的手段。智慧图书馆可以基于文化环境、文化信息、文化社会进行文化情感表达，营造充满文化氛围的物理环境，面向全体社会公众，采用多种形式的文化情感表达形式，利用先进的技术手段处理和展示碎片化的文化知识、精准挖掘文化主题、快速传播文化信息和文化知识，从而进行充分的文化情感表达。

3. 促进智慧图书馆文化情感表达相关策略

智慧图书馆是促进科技创新和社会文明发展的重要推动力，应当具备良好的文化气质和高质量的文化服务，如何利用智能化技术促进文化情感表达，构建"智能化技术"与"文化"融合的智慧图书馆是需要不断探索的。笔者将提出自己的拙见，从以下几方面进行阐述：

3.1 文化建设与馆藏资源整合

图书馆早在公元前 3000 年就出现，具有保存人类文化遗产、开发信息资源、参与社会教育等职能，我国图书馆建设的历史也十分悠久，被称为 " 府 "、" 阁 "、" 观 "、" 台 "、" 殿 "、" 院 " 等。从图书馆诞生之时，图书馆就和人类文明、文化、发展有紧密的关系。为人类文化的保存、传播和延续做出了巨大的贡献。文化类馆藏资源作为图书馆中读者借阅量越多的资源，图书馆中几乎可以囊括所有文化领域的资源，具有丰富的文化内涵。智慧图书馆想要实现精准的文化情感表达，则首先应当分析用户需求和文化需求，利用智能化技术梳理、分析、整合用户使用图书馆文化资源的相关数据，从而为实现进行的文化情感表达和文化关怀提供精准的数据保障。如今数字化技术快速发展，数字阅读逐渐盛行，图书馆的馆藏资源可以进行数字化管理，整理多形态文化资源，处理和整合碎片化文化资源，融合多馆文化资源；采用微信、抖音、快手等新媒体手段，通过微信公众号、短视频等形式向社会公众推送特色化、趣味性、多方面的文化资源，更好的提升社会公众的阅读兴趣，吸引社会公众前来图书馆借、阅图书，实现图书馆馆藏文化资源的"藏而为用""传而为承"，使读者更深刻地感受到智慧图书馆的文化情感表达，提升读者的文化关怀感。例如，图书馆可以构建和应用数字旅游文化平台，为社会公众提供旅游化、数字化服务，而该服务具有多终端、多渠道、多维度的特点，读者可以利用 PC 端、移动端、微信小程序、微信公众号平台等随时随地获取旅游文化相关信息、资讯、文献资源。通过打造旅游文化信息与交流空间的方式进行文化情感表达，使读者提升文化关怀感。

3.2 以科技技术优化图书馆文化环境

智慧图书馆想要进行文化情感表达则首先要立足读者实际需求，另外还要立足图书馆的内在文化内涵，营造浓厚的文化氛围，使读者能够沉浸其中。图书馆属于文化传播阵地，本身具有文化属性，图书馆外部设计也应当具有文化气息，进行文化情感表达，展现文化的魅力，吸引更多的读者前来图书馆。图书馆的文化情感表达隶属于特殊的文化体系，可以立足于图书馆建筑、灯光、色彩、艺术物品、展示等多方面因素，使读者可以在图书馆的每一个物体和元素中感受到文化情感。智慧图书馆的光电系统、智控系统、交互系统等技术也可以和文化元素相结合，从而使读者感受到文化情感。例如，智慧图书馆中可以利用 VR 等虚拟技术展示图书馆布局、建筑外形，使读者有深刻的科技感体验；利用艺术显示屏展示中外文化诗书画印的优秀作品；利用光投标示系统和中华古诗词相结合，使图书馆指示系统更具有文化气息，使读者对中华文化有强烈的自豪感等等。在建设智慧图书馆时，应当意识到图书馆应当是传承历史文化、面向未来学习的，应当注重人文内涵和文化底蕴，而不是单纯地将技术和文化融合，不是为了应用先进技术而建设，不是为了建空间而建空间，需要的是人性化的阅读空间。

3.3 以科技技术实现文化情景与读者的深度互动

智慧图书馆可以通过加强文化服务的方式实现文化情感表达。科技的进步使得图书馆文化资源得以拓展，可以实现文化情景和读者的深度互动。在加强文化服务方面，智慧图书馆可以将新技术和文化精神、以人为本理念相融合，模拟古今中外优秀文化场景，为读者在场景活动中深刻体会和感悟文化情感提供条件。例如，打造读者交互平台，通过该平台呈现图书馆的场馆介绍、云导航、文化活动信息、数字全景文化展览等；利用 AR、VR 影像技术、交互屏等技术打造美术、音乐等文化艺术馆，为读者提供音频、视频等数字资源，使传统文化焕发生机，提升文化艺术对读者的吸引力，落实传统文化方面的文化情感表达；打造书法互动体验系统，利用图形渲染技术，读者可以在仿真宣纸屏幕上使用实体毛笔创作，并可以实时保存、即时分享所写的书法作品，获得最真实的书法书写体验，落实交互性、生动性、共享性的文化情感表达。

3.4 以科技技术辅助文化活动的开展

打造文化品牌活动是智慧图书馆进行文化情感表达的重要方式，文化品牌活动是最具有特色和活力的图书馆服务活动，对图书馆打造良好的品牌影响和提升读者美誉度大有裨益。图书馆可以使用科学技术对文化品牌活动开展的各个环节进行辅助，确保文化活动质量，提升图书馆文化活动的影响力，使得图书馆文化情感表达的受众范围扩大化。在制定活动主题环节，可以利用科学技术分析读者信息、图书馆图书借阅记录等信息，从而精准把握读者的需求，有效拓展全媒体宣传渠道，扩大文化品牌活动的影响力；在活动开展环节，可以利用网络交互系统技术，全程自助、公平公开让读者选择参加活动；活动结束后，利用科学技术收集读者意见，为后续开展文化品牌活动提供调整的依据，提升文化活动品质，并且给读者推送活动相关文化资源，推动图书馆文化活动品牌建设，落实图书馆文化情感表达，提高读者体验感和美誉度。

三、识别和评估风险

防范数字化风险和挑战的第一步是识别和评估潜在的风险。平台需要认真分析可能影响虚拟文化体验的各种风险，包括数据泄露、网络攻击、虚假信息传播等。通过全面的风险评估，平台可以了解风险的性质、来源和可能带来的影响，为采取适当的防范措施提供基础。

1. 数据泄露风险的识别和评估

平台需要识别用户数据可能会因技术故障、恶意攻击或人为失误而被泄露的风险。评估这种风险包括分析哪些类型的用户数据可能会受到威胁，以及泄露可能对用户隐私和安全造成的影响。数据泄露是虚拟文化体验平台面临的严重风险之一，其可能源自技术故障、恶意攻击、人为失误等多种因素。因此，平台必须认真识别和评估数据泄露的潜在风险，以便采取适当的措施来保护用户的隐私和安全。

首先，平台需要明确哪些类型的用户数据可能会受到威胁。这包括个人身份信息、账户信息、交易记录、社交互动数据等。平台应该详细了解用户数据的种类和敏感程度，以便有针对性地进行风险分析。在评估数据泄露风险时，平台需要考虑泄露可能对用户隐私和安全造成的影响。泄露可能导致个人隐私泄露、身份盗窃、金融损失等问题。平台应该分析泄露后的潜在风险，包括可能的法律诉讼、用户信任损害等方面。此外，平台需要综合考虑数据泄露的可能来源。技术故障、恶意攻击、内部员工失误等因素都可能导致数据泄露。对于不同来源的泄露风险，平台需要采取不同的防范策略。例如，加强技术架构安全性、实施访问控制、进行员工培训等。针对数据泄露风险，平台可以采取一系列措施来保护用户数据。这包括加密存储和传输数据、建立监控和警报机制、制定数据备份和恢复计划等。平台还应该建立紧急响应计划，以便在数据泄露事件发生时能够迅速采取行动，减少损害。

数据泄露风险是虚拟文化体验平台必须认真面对的挑战之一。通过识别和评估风险，平台可以制定有效的防范措施，保护用户的隐私和安全，确保用户在虚拟文化体验中的良好体验。

2. 网络攻击风险的识别和评估

平台需要识别潜在的网络攻击威胁，如 DDoS 攻击、恶意软件、网络钓鱼等。评估网络攻击风险涉及分析平台的网络架构、漏洞情况以及可能受到攻击的用户群体。

网络攻击风险是虚拟文化体验平台不可忽视的重要问题之一。平台需要认真识别和评估各种潜在的网络攻击威胁，以便采取适当的防范措施，保护用户的数据和体验安全。

首先，平台需要识别可能的网络攻击类型，如分布式拒绝服务攻击（DDoS）、恶意软件、网络钓鱼等。了解这些攻击类型的特点和威胁程度可以帮助平台更好地预防和应对可能的风险。在评估网络攻击风险时，平台需要分析自身的网络架构和安全漏洞情况。这包括对平台的网络拓扑、服务器架设情况、防火墙配置等进行审查。通过了解网络基础设施的弱点，平台可以有针对性地加强防御措施。此外，平台还需要评估可能受到攻击的用户群体。不同用户可能会面临不同的网络攻击威胁。例如，恶意软件可能针对个人用户，而企业用户可能更容易受到网络钓鱼攻击。了解用户群体和其可能遭受的攻击类型有助于平台制定有针对性的安全策略。为了应对网络攻击风险，平台可以采取一系列防范措施。这包括实施强化的网络安全措施，如入侵检测系统、网络监控、安全认证等。平台还应建立应急响应计划，以便在攻击发生时能够迅速应对，减少损失。最后，平台还应定期进行漏洞扫描和安全评估，以确保网络架构的安全性。定期的安全测试可以帮助发现和修补潜在的漏洞，从而降低受到攻击的风险。

网络攻击风险是虚拟文化体验平台必须认真对待的挑战之一。通过识别和评估风险，采取有效的防范措施，平台可以保护用户的数据和体验安全，确保用户在虚拟文化体验中的安心和舒适。

3. 虚假信息传播风险的识别和评估

平台需要识别虚假信息可能在平台上传播的风险，这可能会误导用户或造成社会争议。评估虚假信息传播风险包括分析信息来源的可信度、用户互动的模式以及可能受到影响的文化体验领域。

虚假信息传播风险是虚拟文化体验平台在维护用户体验和信息可信度方面需要重点关注的问题之一。平台需要认真识别和评估潜在的虚假信息传播风险，以确保用户获得准确、可信的文化体验。

首先，平台需要识别可能导致虚假信息传播的因素。这包括信息来源的可信度、用户互动的模式、社交媒体传播等。了解这些因素可以帮助平台更好地预测虚假信息可能在平台上传播的路径和方式。在评估虚假信息传播风险时，平台需要分析信息来源的可信度。平台应仔细审核和验证信息的来源，避免未经证实的信息在平台上传播。对于第三方提交的内容，平台应建立审核机制，确保信息的真实性和准确性。此外，平台还需要分析用户互动的模式。某些用户可能会故意传播虚假信息，以达到某种目的。平台应识别和监测这种不良用户行为，并采取措施防止虚假信息的传播。还有，社交媒体的传播可能加速虚假信息的传播。平台需要了解虚假信息可能在社交网络上如何扩散，以便采取措施限制其传播范围。为了应对虚假信息传播风险，平台可以采取多种措施。首先，建立严格的审核机制，确保所有展示的文化内容都经过真实性和准确性的验证。其次，加强用户教育，提高他们对虚假信息的辨识能力，使他们能够更好地识别和避免虚假信息。此外，平台可以建立用户举报机制，让用户能够举报虚假信息，帮助平台及时处理。

虚假信息传播风险可能会影响用户体验和信息可信度。通过识别和评估风险，采取有效的防范措施，平台可以保护用户免受虚假信息的影响，提供更加真实可信的虚拟文化体验。

4. 隐私侵犯风险的识别和评估

平台需要识别用户隐私可能受到侵犯的风险，如未经授权的数据收集和分享。评估隐私侵犯风险涉及分析平台的数据处理流程、用户授权机制以及可能涉及的第三方合作伙伴。隐私侵犯风险是虚拟文化体验平台需要认真识别和评估的重要问题之一。用户的隐私是平台需要特别关注和保护的方面，因此，平台需要采取一系列措施来减少隐私侵犯的风险，确保用户的个人信息得到充分保护。

首先，平台需要识别可能导致隐私侵犯的因素。这包括未经授权的数据收集、分享和使用，以及可能的数据泄露渠道。了解这些因素可以帮助平台更好地预测用户隐私可能受到侵犯的情况。

在评估隐私侵犯风险时，平台需要分析其数据处理流程。平台应仔细审查用户数据的收集、存储、处理和共享流程，以确保用户数据不会被滥用或未经授权使用。此外，平台应对可能涉及的第三方合作伙伴进行审查，确保他们也遵守隐私保护标准。另一方面，用户授权机制也是评估隐私侵犯风险的重要因素。平台需要确保用户能够清楚地了解哪些个人信息将被收集，以及如何使用和分享这些信息。用户应该能够随时撤销他们的授权，并有权访问和修改自己的个人信息。为了防范隐私侵犯风险，平台可以采取多种措施。首先，建立严格的隐私政策，明确规定用户个人信息的收集和使用方式。其次，采用数据加密和安全存储措施，防止用户数据被不法分子窃取。此外，平台可以提供用户隐私设置，允许用户自主选择哪些信息可以公开，哪些信息需要保密。

隐私侵犯风险可能对用户造成严重影响。通过识别和评估风险，采取必要的防范措施，平台可以保护用户的隐私权，确保他们的个人信息得到妥善保护，从而提供更加安全和可信赖的虚拟文化体验。

四、建立强化的安全措施

针对已识别的风险，平台需要建立强化的安全措施来应对。这可能包括加密用户数据、采用多重身份验证、建立防火墙和入侵检测系统等。平台应根据风险的严重程度和潜在影响来选择合适的安全措施，并定期更新和测试这些措施，以确保其有效性。

1.数据加密和保护

平台应该采用强大的数据加密技术，确保用户数据在传输和存储过程中得到保护。敏感数据如用户个人信息、登录凭证等应该被加密，以防止未经授权的访问和窃取。同时，平台还应该实施访问控制措施，仅授权人员能够访问敏感数据。数据加密是保护用户隐私和信息安全的关键手段之一。平台在应对数字化风险和挑战时，应采用强大的数据加密技术，确保用户数据在传输和存储过程中得到充分保护。

数据传输加密是保障用户信息在网络传输过程中不被窃取的重要方法。平台应使用安全的通信协议（如 HTTPS），对用户的敏感信息进行端到端的加密，以防止中间人攻击和数据泄露。数据存储加密则涉及将用户数据在存储时进行加密，即使数据被非法访问，也无法轻易解读。敏感数据如用户个人信息、账户密码等应该在存储时被加密保存，确保即使服务器被入侵，攻击者也无法轻松获取用户的敏感信息。此外，平台应该实施访问控制措施，确保只有经过授权的人员能够访问敏感数据。采用身份验证和授权机制，限制对数据库和敏感信息的访问权限，防止未授权人员获取数据。平台在选择数据加密方案时，应考虑使用被广泛认可和验证的加密算法和协议，确保其安全性和可靠性。同时，加密密钥的管理也至关重要，应采用安全的密钥管理和存储方法，以免密钥泄露导致加密被绕过。数据加密不仅是用户隐私的保护，也是平台信誉和声誉的体现。通过加强数据加密和保护，平台可以增强用户对于数据安全的信任，为用户提供更加安全和可信赖的虚拟文化体验。

2. 多重身份验证

引入多重身份验证（例如使用密码和手机验证码、指纹识别等）可以提供额外的安全层次，防止未经授权的用户访问账户。这种方法可以有效减少账户被盗用的风险，保护用户的信息和体验。

多重身份验证（Multi-Factor Authentication，MFA）是一种重要的安全措施，可以有效增加账户和数据的安全性。通过引入多个身份验证因素，用户需要提供多个不同类型的信息来证明其身份，从而防止未经授权的用户访问账户和敏感信息。使用仅靠密码的单一身份验证容易受到密码泄露和盗用的威胁。多重身份验证引入了额外的验证因素，使攻击者更难以越过多重屏障，从而提高了账户的安全性。

多重身份验证通常包括三个主要类别的验证因素：知识因素（例如密码）、物理因素（例如指纹、面部识别）和拥有因素（例如手机验证码）。这些因素结合起来，形成了一个复杂的验证过程，提供了更多的保护层。使用多重身份验证意味着攻击者需要攻击多个验证因素，不仅需要知道正确的密码，还需要物理访问或获取其他验证因素。这样的复杂性使攻击变得更加困难，从而有效减少了账户被盗用的可能性。

多重身份验证可以防止社会工程和钓鱼攻击，因为即使攻击者获取了用户的密码，他们仍然需要其他验证因素才能成功访问账户。这种防护层可以有效地降低用户受到钓鱼攻击的风险。实施多重身份验证可以增加用户对于平台和服务的信任感。用户会意识到平台在保护他们的账户和信息方面采取了积极的措施，从而更愿意使用平台和参与虚拟文化体验。

然而，虽然多重身份验证提供了更高的安全性，但也可能导致一定的用户体验负担。平台应该在安全性和用户体验之间寻找平衡，确保多重身份验证不会使用户感到过于繁琐和不便。综上所述，多重身份验证是一种有效的安全措施，可以在虚拟文化体验平台中提供额外的防护层，保护用户的账户和敏感信息不受未经授权的访问。通过引入多种不同类型的验证因素，平台可以有效地应对数字化风险和挑战，为用户提供更安全的虚拟文化体验。

3. 建立防火墙和入侵检测系统

在技术层面，平台应该建立防火墙和入侵检测系统，监控和阻止未经授权的访问、攻击和入侵尝试。这可以帮助平台及时发现和应对安全威胁，保障用户数据的安全性。

为了应对数字化风险和挑战，特别是在虚拟文化体验平台中保障用户数据的安全性，建立防火墙和入侵检测系统是至关重要的安全措施。防火墙和入侵检测系统是一种技术防护措施，可以有效地监控和阻止未经授权的访问、攻击和入侵尝试，确保平台的系统和数据不受恶意活动的侵害。

防火墙是一种位于网络边界的安全设备，它可以过滤进出网络的数据流量，根据预先设定的规则判断哪些数据是允许通过的，哪些是被禁止的。防火墙可以阻止恶意攻击、入侵尝试和未经授权的访问，从而保护平台的网络和服务器免受威胁。通过防火墙的设置，平台可以限制对系统的访问权限，只允许授权用户和合法数据通过，有效减少风险。入侵检测系统（Intrusion Detection System，IDS）是一种监测网络活动的系统，可以实时检测和分析异常行为和攻击尝试。IDS 可以通过监控网络流量、日志记录和行为分析来识别潜在的入侵。一旦检测到异常行为，IDS 会发出警报，并采取必要的措施来阻止攻击或入侵行为。入侵检测系统的存在可以帮助平台及时发现并应对潜在的安全威胁，保护用户数据和平台的完整性。为了确保防火墙和入侵检测系统的有效性，平台需要不断更新和升级这些系统，以应对不断变化的安全威胁。同时，平台还应该定期进行安全审计和漏洞扫描，及时发现并修补可能存在的安全漏洞。建立强大的防火墙和入侵检测系统需要结合人工智能和机器学习等技术，从而能够更精确地识别出潜在的风险和威胁。

建立防火墙和入侵检测系统是保障虚拟文化体验平台安全的重要步骤。这些技术措施可以有效地监控、检测和阻止未经授权的访问和攻击，确保用户数据的安全性和平台的正常运行。通过结合不同的技术手段，平台可以建立一个多层次的安全防护体系，为用户提供更加安全可靠的虚拟文化体验。

4. 定期更新和测试

安全措施需要定期更新和测试，以确保其抵御最新的安全威胁和攻击方法。平台应该跟踪最新的安全漏洞和威胁情报，及时应用补丁和更新，以最大程度地减少潜在风险。定期更新和测试是维护安全措施有效性的关键步骤，对于虚拟文化体验平台来说尤为重要。随着安全威胁不断演变和进化，平台必须保持对新威胁的敏感性，并采取相应的措施来应对。

定期更新的重要性在于修补已知漏洞、适应新威胁、维持兼容性。通过更新，平台可以及时修复已知漏洞，阻止黑客利用漏洞进行攻击。此外，安全威胁不断发展，新的攻击方法和恶意软件层出不穷。定期更新可以使平台紧跟最新威胁情报，采取相应的应对措施。同时，保持软件和系统的最新版本还能确保兼容性，避免因过时组件引入风险。

在实施定期更新时，平台可以采用自动更新机制、定期审查和第三方支持。自动更新可以确保软件、应用程序和操作系统保持最新状态，减少漏洞被利用的机会。同时，定期审查已部署的软件和系统，及时发现需要修复的漏洞。如果平台使用第三方软件或服务，保持与供应商的联系，获取其发布的更新和补丁，也是很重要的一步。另一方面，定期测试也是防范风险的重要环节。定期测试可以发现系统中的安全问题和漏洞，有助于在黑客攻击之前进行修复。此外，通过测试可以评估当前安全措施的有效性，发现并加固可能的薄弱点。通过模拟攻击，平台可以了解系统在真实攻击面前的表现，并及时做出调整。为了实施定期测试，平台可以使用漏洞扫描工具进行漏洞扫描，检测系统中可能存在的漏洞，及时修复。另外，进行渗透测试是一种有效的方法，通过模拟黑客攻击，评估系统的安全性和抵御能力。红队 / 蓝队练习也是一种实践方法，通过模拟攻击和防御，提升团队的安全意识和协同应对能力。

定期更新和测试是确保虚拟文化体验平台安全性的重要措施。平台需要持续关注新兴威胁，及时更新软件和系统，测试安全措施的有效性，以确保用户数据的安全和平台的正常运行。通过不断努力，平台可以有效减少潜在风险，提供更加安全可靠的虚拟文化体验。

五、制定紧急响应计划

即使有了强化的安全措施，风险仍然存在，因此平台需要制定紧急响应计划，以便在发生风险事件时能够迅速做出反应。这个计划应包括明确的责任分工、应急联系方式、信息通知流程等。通过预先制定好的响应计划，平台可以在风险事件发生时更加迅速地采取行动，减少损失和影响。

1. 明确的责任分工

响应计划应明确指定在风险事件发生时各个责任人的职责和行动步骤。这包括从事件发现、报告到处理的全过程。每个关键角色都应清楚自己的任务和责任，以确保在紧急情况下的高效协作。明确的责任分工是制定紧急响应计划中至关重要的一环，它确保在风险事件发生时能够有序、高效地进行应对和处理。每个关键角色在响应计划中都有明确的职责和行动步骤，以保证整个响应过程能够迅速而有条不紊地展开。

首先，在风险事件的发现阶段，需要明确谁负责监控系统和数据，及时发现异常情况。这可能涉及技术团队中的安全分析师、监控人员等。一旦异常被检测到，他们需要迅速将问题报告给下一级责任人。

其次，风险事件的报告阶段同样需要明确责任人。这可能包括安全团队的领导、高管层成员，他们负责接收来自技术团队的报告，并在紧急情况下迅速做出决策。这些决策可能涉及是否启动紧急响应计划、通知合作伙伴和用户等。接下来，响应计划需要指定具体的事件处理团队，负责实际的风险事件处理和应对措施的制定。这个团队可能包括技术专家、法律团队、公关团队等，他们各自负责不同方面的工作，从技术恢复到用户通知等。在整个响应过程中，还需要明确沟通协调人员的角色。这些人员负责协调不同团队之间的合作，确保信息的传递和交流畅通无阻。他们可能需要与外部合作伙伴、监管机构等进行沟通。

最后，响应计划还需要明确监测和评估风险事件的后续效果的责任人。这些人员负责跟踪事件的后续发展，评估采取的措施是否有效，是否需要进一步的调整和改进。

明确的责任分工是紧急响应计划的基石，它确保在风险事件发生时各个角色都能够清楚自己的任务和责任，实现高效的协作和应对。这样的分工能够最大程度地减少混乱和误解，确保平台能够在紧急情况下保持冷静、迅速地做出反应，从而有效地控制和减轻潜在的损失和影响。

2. 应急联系方式

计划中应包括与风险事件相关的紧急联系人和联系方式，以便在发生事件时能够迅速通知相关人员。这些联系人可以包括技术支持团队、安全团队、高管层等，以确保事件得到及时关注和处理。在制定紧急响应计划中，明确的应急联系方式是确保在风险事件发生时能够迅速通知相关人员，并迅速启动响应和应对措施的关键。这些联系方式需要涵盖不同角色和团队，以保证事件能够及时得到关注和处理，从而最大程度地减轻潜在的损失和影响。

应急联系方式应涵盖技术支持团队。这些人员通常在技术层面负责监控和维护系统的正常运行，一旦出现异常情况，他们需要迅速采取行动。技术支持团队的联系方式应该包括电话号码、电子邮件等，以便在紧急情况下与他们进行沟通。其次，安全团队的联系方式也是至关重要的。安全团队通常负责处理网络攻击、数据泄露等安全事件，他们需要迅速采取措施来保护用户数据和平台的安全。安全团队的联系方式同样需要包括电话号码、电子邮件等。同时，高管层的联系方式也应该被纳入应急联系列表中。高管层在风险事件中扮演着决策者和决策者的角色，他们需要在紧急情况下迅速做出决策并指导后续的应对措施。高管层的联系方式的准确性和可靠性尤为重要。另外，如果平台涉及合作伙伴、监管机构等外部组织，也需要在应急联系列表中列出其联系方式。这些合作伙伴和机构可能在事件中提供帮助或支持，因此能够迅速联系到他们对于事件的处理至关重要。在整个应急联系列表中，联系方式应该是准确的、最新的，以确保在紧急情况下能够及时取得联系。同时，平台应该确保这些联系方式的可靠性，例如通过测试电话线路和电子邮件系统，以确保在需要时能够顺利联系到相关人员。

明确的应急联系方式是紧急响应计划中不可或缺的一部分。它确保在风险事件发生时能够迅速通知和联系相关人员，从而启动响应和应对措施，保障平台和用户的安全。这样的联系方式列表需要时刻保持更新和有效，以应对不断变化的风险和挑战。

3. 信息通知流程

紧急响应计划应明确风险事件发生后的信息通知流程。这包括通知内部团队、合作伙伴、用户以及相关监管机构等。通知的内容应该准确、透明，并且遵循法律法规的要求，以保护用户权益和维护平台声誉。在建立紧急响应计划中，明确的信息通知流程是确保在风险事件发生后能够高效、准确地传达信息给相关方的关键步骤。这个流程不仅有助于保护用户权益，还能够维护平台的声誉和信任。

首先，内部团队是第一批需要通知的对象。在事件发生后，平台应迅速通知内部的关键团队，包括技术支持、安全团队、高管层等。这些团队需要立即采取行动来评估事件的严重性、影响范围和可能的应对措施。内部通知的目的是确保平台能够迅速启动应急响应计划并采取必要的措施。其次，合作伙伴也是需要被通知的对象。如果平台与其他组织有合作关系，特别是那些与用户数据共享或处理有关的合作伙伴，应该在风险事件发生后尽快通知他们。这样可以协调合作伙伴的应对措施，防止风险扩大。用户是另一个重要的通知对象。在事件涉及用户数据泄露或隐私侵犯的情况下，平台需要及时通知受影响的用户。通知内容应该明确、透明，包括事件的性质、影响范围、可能的风险以及用户可以采取的措施等。通知用户的目的是保护用户的权益，让他们能够及时采取行动来减少潜在损失。

同时，相关监管机构也需要在适当情况下被通知。根据法律法规的要求，一些风险事件可能需要向监管机构报告，以确保事件的处理符合法规要求。平台应该了解适用的法规，并按照规定通知相关机构。在信息通知流程中，通知的内容应该准确、客观，并遵循适用的法律法规。通知应该及时发出，以确保相关方能够迅速获得必要的信息。同时，通知的方式也应该多样化，包括电子邮件、短信、平台公告等，以确保信息能够有效传达。

信息通知流程是紧急响应计划的重要组成部分。通过明确的通知流程，平台可以在风险事件发生后能够高效地传达信息给内部团队、合作伙伴、用户和监管机构，从而采取及时的应对措施，保护用户权益，维护平台的声誉。这个流程需要在不同风险场景下进行预先规划和训练，以确保在紧急情况下能够顺利执行。

4. 事件处理流程

首先，事件调查与确认是必要的。平台在发现风险事件后，应立即启动调查程序。专门的调查团队应该迅速介入，以确认事件的性质、范围和影响程度。调查团队的任务是分析事件的起因、攻击方式、涉及的系统和数据，以及可能的威胁来源。

其次，需要评估事件的影响。平台需要确定受影响的用户数量、数据泄露的程度、系统中断的情况等。这有助于判断事件的严重性，并进一步制定应对措施。

在事件确认后，平台需要迅速采取紧急的补救措施，以减少损失和进一步的风险。这可能包括暂停受影响系统的访问、封锁恶意攻击源、恢复备份数据等。同时，制定恢复计划也是至关重要的。平台需要制定恢复计划，以恢复受影响的系统、服务和数据。这包括恢复数据备份、修复漏洞、重新建立系统配置等。恢复计划应根据事件的严重性和影响程度来制定，以确保能够尽快恢复正常运营。与此同时，平台还需要与相关方进行沟通。这包括内部团队、合作伙伴、用户和监管机构等。及时通知相关方事件的进展、影响和采取的措施，有助于维护透明度和信任。如果事件涉及用户数据泄露或隐私侵犯，平台需要更新用户通知，提供更多关于事件的信息、影响和用户可采取的措施。通知应保持准确、透明，并遵循法律法规的要求。最后，对整个事件处理过程进行审查和改进是至关重要的。平台需要分析事件的处理效果，确定哪些措施成功，哪些需要改进，以提升未来事件处理的能力。

事件处理流程是确保平台能够在风险事件发生时有序采取行动的重要指导。通过制定清晰的流程，平台可以有效地管理风险事件，保障用户权益，维护平台的声誉和信任。这个流程需要不断地进行演练和改进，以确保在实际应急情况下能够顺利执行。

六、持续监测和改进

防范数字化风险和挑战是一个持续的过程，平台不能止步于一次性的安全措施。平台应定期监测风险情况，进行安全漏洞扫描和渗透测试，以及评估现有的防范措施是否仍然有效。如果出现新的风险或挑战，平台需要及时调整和改进现有的安全策略，以适应不断变化的环境。

1. 定期的风险监测和评估必不可少

平台应建立定期的风险评估流程，以识别可能的新风险和挑战。这可以通过分析安全事件、漏洞报告、威胁情报等来实现。定期的风险评估有助于保持对当前风险的了解，并在早期识别新的潜在威胁。

定期的风险监测和评估是确保平台安全性的关键环节，旨在持续识别和应对可能的数字化风险和挑战。平台应当建立一个有序的流程，以确保风险评估能够全面而系统地进行。

首先，平台应明确定期进行风险评估。这可以是每季度、每半年或每年一次，具体取决于平台的规模和风险敏感性。通过设定明确的评估周期，平台可以保证风险的监测不会被忽视，以及在风险发展方面能够及早做出反应。其次，风险评估应该基于全面的信息收集和分析。平台可以收集来自多个渠道的信息，如内部安全事件记录、漏洞报告、外部威胁情报等。这些信息的分析可以帮助平台识别已有的和新兴的风险，了解其性质、来源以及可能的影响。在进行风险评估时，平台应关注各种类型的风险，包括数据泄露、网络攻击、虚假信息传播等。每种风险都应该被详细地分析和评估，以了解其潜在威胁和可能的后果。同时，平台还应该考虑不同用户群体可能面临的特定风险，以制定更有针对性的防范措施。风险评估的结果应当及时地通报给相关的部门和人员，以便能够在发现风险后迅速采取行动。这可以涉及技术团队、安全团队、高管层等，确保风险信息得到适当的关注和处理。

定期的风险监测和评估是确保平台数字化风险防范的核心步骤。通过建立明确的评估流程、多渠道的信息收集和分析，平台可以保持对风险的敏感性，及时应对新的挑战，以确保用户在虚拟文化体验中的安全和可信。

2. 安全漏洞扫描和渗透测试是保障系统安全的重要手段

平台应定期进行安全漏洞扫描，以发现系统中存在的漏洞和弱点。同时，定期进行渗透测试可以模拟真实攻击，评估系统的脆弱性，并及时修复漏洞，提升系统的抵御能力。安全漏洞扫描和渗透测试是确保平台系统安全性的关键手段，可以帮助平台及时发现和修复潜在的安全风险，提升系统的抵御能力和稳定性。

首先，安全漏洞扫描是一种自动化工具和技术的应用，用于检测系统中存在的安全漏洞和弱点。这些漏洞可能是由于软件漏洞、配置错误、未经授权的访问等引起的。平台应定期使用安全漏洞扫描工具对系统进行全面的扫描，以识别可能的漏洞，并生成报告以供分析。

通过这种方式，平台可以快速发现潜在的问题，采取相应的补救措施，以防止恶意攻击者利用这些漏洞进行入侵和攻击。

其次，渗透测试是一种模拟真实攻击的活动，旨在评估系统的脆弱性和安全性。渗透测试可以帮助平台发现可能被攻击者滥用的安全漏洞，并测试系统在实际攻击情境下的抵御能力。通过模拟各种攻击方式，如网络攻击、社会工程攻击等，平台可以了解系统的真实弱点，从而有针对性地采取措施进行修复和加固。定期进行安全漏洞扫描和渗透测试的好处是多方面的。第一，可以帮助平台及时发现和修复安全漏洞，减少恶意攻击的风险。第二，可以评估系统的安全性，发现并解决可能的安全风险，提升系统整体的抵御能力。此外，这些测试还有助于满足合规性要求，如数据保护法规等。然而，安全漏洞扫描和渗透测试也需要谨慎进行，以免造成系统中断或数据泄露。因此，平台应该选择合适的工具和方法，确保测试过程安全可控。同时，测试结果应该经过仔细分析和处理，以便采取适当的措施来解决发现的问题。

安全漏洞扫描和渗透测试是保障平台系统安全的重要手段，可以帮助平台发现和修复潜在的安全漏洞，提升系统的抵御能力，确保用户在虚拟文化体验中的安全和可信。

3. 平台还应考虑实施安全事件的监控和分析

通过监控关键系统和数据流，平台可以及时发现异常活动和潜在攻击。这可以通过实时监控工具、入侵检测系统等技术手段来实现。监控数据的分析可以帮助平台识别攻击模式和行为趋势，从而更好地调整安全策略。平台在保障系统安全方面，除了定期进行安全漏洞扫描和渗透测试外，还应考虑实施安全事件的监控和分析，以便能够及时发现异常活动和潜在的安全威胁。

首先，平台可以借助实时监控工具和技术来监测关键系统和数据流的活动。这些监控工具可以实时收集系统和网络的运行状态、访问日志、用户活动等信息，以便及时检测任何异常或可疑的行为。例如，平台可以监控登录活动、数据访问行为、网络流量等，以寻找异常模式或活动。其次，入侵检测系统（Intrusion Detection System，IDS）是另一种关键的监控手段。IDS 可以监控网络流量和系统行为，检测可能的入侵行为。一旦发现异常活动，IDS 可以触发警报，通知安全团队采取相应的行动。这可以帮助平台及时发现未经授权的访问、攻击尝试等行为。监控数据的分析也是保障平台安全的重要环节。通过对监控数据进行分析，平台可以识别攻击模式、行为趋势和异常模式，从而更好地了解潜在的安全威胁。例如，平台可以识别频繁的登录失败尝试、大量的数据下载等异常活动，进而采取相应的措施来应对。此外，平台应该建立事件响应流程，以便在发现异常活动时能够迅速采取行动。事件响应流程应明确安全团队的责任和行动步骤，包括如何调查异常活动、隔离受影响的系统、通知相关人员等。及时的事件响应可以减少潜在风险的影响，保障系统的稳定性和安全性。

实施安全事件的监控和分析是保障平台系统安全的重要措施之一。通过实时监控工具和入侵检测系统，平台可以及时发现异常活动和潜在攻击，并通过数据分析识别安全威胁。这有助于平台采取迅速的响应措施，保障用户在虚拟文化体验中的安全和可信。

4. 持续的改进是确保安全性的关键

平台应定期审查现有的安全策略和措施，评估其有效性，并根据新的风险情况进行调整和改进。这可能包括更新密码策略、加强访问控制、优化安全配置等。平台还可以根据以往的事件经验，总结教训，进一步完善应急响应计划和风险管理策略。持续的改进是确保平台安全性的关键。为了保障用户的虚拟文化体验，平台应定期审查现有的安全策略和措施，以确保其在不断变化的威胁环境中依然有效。这种持续的改进涵盖了多个方面，旨在不断提升平台的安全性和可信度。

首先，定期审查安全策略和措施的有效性是非常重要的。平台应该定期评估已经实施的安全措施是否能够抵御当前的安全威胁。这可能包括对已实施的加密技术、多重身份验证、访问控制等进行综合性的检查和评估。通过定期的审查，平台可以及时发现存在的问题，并采取相应的纠正措施。其次，根据新的风险情况进行调整和改进也是必要的。随着技术的不断演进和攻击方法的变化，新的安全威胁可能会不断涌现。平台应该密切关注安全领域的最新动态，根据新的风险情况及时调整和改进安全策略。这可能包括引入新的安全措施、加强现有的防护措施等。进一步，平台可以根据以往的事件经验总结教训，不断完善应急响应计划和风险管理策略。通过分析已发生的安全事件，平台可以了解其背后的原因和漏洞，从而改进相应的防范措施。此外，平台可以通过定期演练应急响应计划，确保团队在紧急情况下能够迅速而有效地应对。最后，平台还可以加强员工的安全意识培养。通过开展安全培训和教育，平台可以提高员工对安全问题的敏感性和认识，使其能够更好地遵循安全规范和最佳实践。员工的安全意识对于整个平台的安全性起着重要作用。

持续的改进是保障平台安全性的关键。通过定期审查现有措施、根据新的风险情况进行调整、总结以往经验并加强员工安全意识，平台可以不断提升其安全性水平，为用户提供更可信的虚拟文化体验。

第八章

可持续发展的策略

智慧图书馆的可持续性规划

1. 顶层设计规划

1.1 发展设计层

1.1.1 发展定位主要是指在城市条件的基础下、知识需求下、图书馆自身的动态变化下，遵循可持续发展性原则，然后在整个智慧城市的框架之下，对影响智慧图书馆发展关键性因素以及复合效应进行系统性分析。从而将智慧图书馆的定位进行明确，将智慧图书馆未来发展方向进行明确，将智慧图书馆的服务特色进行明确，将智慧图书馆之后发展策略进行明确。

1.1.2 建设规划主要是指具象或者形象化智慧图书馆之后的发展定位。是一种全面且长远的建设智慧图书馆的规划和计划。在建设规划智慧图书馆的时候需要将超前性特征、整体性特征、开放性特征、高效性特征体现出来，只有这样可以才符合智慧城市建设框架下的规划定位。

1.1.3 实施保障主要是指对智慧图书馆建设规划过程中所需资源的一个保障。主要包括城市一些基础资源。所需的信息资源、专业人才等，需要对这些进行安全保障，而这也是落实好规划的关键环节。

1.1.4 组织合作主要是指智慧图书需要在智慧城市的建设和发展的理念下进行规划建设，相关部门以及工作人员需要对 5G 网络技术、大数据技术、物联网技术进行充分利用，这样就可以实现跨越机构、跨越平台、跨越系统的互联互通、共建共享，从而将一种新型的信息行业协同模式的构建起来。

1.2 技术应用层

1.2.1 用 5G 为代表进行数据传输网络，要想发展和建设智慧图书馆，就要对智慧城市的现代网络通信充分依托。图书馆的很多终端设备需要利用网络连接，然后可以动态提供与它相匹配的网络资源，这就会随之产生海量运算数据，为下一层的"数据收集与服务"提供基础。

1.2.2 数据收集与分析。互联网是建设智慧城市的核心基础，在实时采集、抓取、识别、分析过程中可以利用大数据技术、云计算技术、射频识别技术进行信息资源共享。在智慧城市建设过程中，智慧图书馆属于一种公共服务，是非常关键的组成部分，对图书馆网络生成的数据，可以利用相关技术手段进行传递、处理、管理、存储，其中主要包括静态数据和动态数据。静态数据里有图书馆的馆藏资源数据、图书馆的设备设施数据、图书馆用户信息数据。动态数据里有图书馆的用户行为数据、图书馆的服务数据、图书馆的业务数据，然后再大容量存储和高性能运算下支撑整个体系运行。

1.2.3 只有安全畅通的网络连接以及高效精准的数据收集和分析才可以支撑起服务应用借，最终将智慧图书馆服务质量给体现出来。满足用户需求是智慧图书馆服务的出发点，在智慧系统感知下，可以对读书需求随时响应，之后再通过数据仓库和挖掘的手段对用户行为进行分析，用户的日常行为的隐形需求可以利用数据进行分析，然后对资源和信息进行整合，这样图书馆用户就会得到高精准、多元化、个性化的信息推送，同时用户也会得到一些高层次知识服务产品，例如，学科服务、智慧交流等。用户在 5G 和物联网技术下，可以不受到时间和空间的限制，任何时间以及任何地点都可以获得所需要的图书馆服务。例如，就算用户不在图书馆，也可以在图书馆的 PC 端、图书馆的移动端、家里的高清电视、智慧城市中的街区图书馆等地方获取以及传递信息和服务。与此同时，现在很多智慧图书馆的馆舍环境比较好，可以让用户有很好的体验感。例如，智慧图书馆中会有智能机器人，有自助借还服务，有智能情景感知服务、有虚拟技术（VR/AR）设备等。智能机器人可以提供语音资源服务、借还指引服务、阅读推荐服务给用户；虚拟技术（VR/AR）技术可以让用户在阅读纸质图书的时候进入到虚拟场景，对书中内容会有一个身临其境的体验感，而这种服务也可以自由切换场景，用户会更有沉浸感和交互感；智能情境感知设备是对用户位置、用户行为、用户输入等进行识别和分析，然后给用户提供个性化、差异化服务，将用户的体验感提升。

1.3 目标效用层

智慧图书馆是智慧城市的重要组成部分，所以其转型需要智慧城市的建设加持，在相关政府统筹、市场运作下，利用物联网技术、云计算技术可以将数字世界和物理世界进行融合，还可以将城市内部主体之间的交流方式进行改变，从而更加快速有效地响应的各种各样的需求。而智慧图书馆的变革则需要应用新技术，使得图书馆可以实现互联互通和泛在服务，更好地将信息资源聚合能力以及响应用户需求的能力进行提升，这也就实现了服务高效、使用便利、信息全面的目标效用。

2. 智慧图书馆张整体建设的建议

2.1 馆舍智慧化

2.1.1 对智慧环境进行控制。在 2011 年的时候，上海交通大学和美国国家仪器公司进行合作并且将我国第一个图书馆室内环境监测以及节能系统设计出来了。这主要是利用物联网技术，对图书馆室内环境以及控制系统进行综合重点检测，例如，智慧图书馆的温度、智慧图书馆的湿度、智慧图书馆的气压、智慧图书馆的音响、智慧图书馆的噪声、智慧图书馆的自然光照明、智慧图书馆的人工照明、智慧图书馆的空气质量、智慧图书馆的用电、智慧图书馆的安防等感应和控制系统，这些都可以将图书馆服务质量进行提供，给用户好的体验感。在实现动态控制的时候可以利用硬件设计以及软件系统设计。改造原有设备，对先期投资进行保护是系统硬软件设计的主要目的。之前台湾科技公司和广东照明科技公司进行合作研发了一种新产品，并进行生产和销售。台湾那家公司有无线网络蓝牙智慧控制技术，且领先全球。其可以在智慧照明过程中进行简便的连线、定位、资讯传递、监测植入，控制距离可以达到100米。通过传感器对室内外进行温度采集、湿度采集、光照采集、风速采集、风向采集、雨量信号采集，并将这些信息资源进行转换，可以让计算机进行识别，也可以让操作人员进行识别，之后让计算机对其进行处理。接着在调节侧窗、风机、空调装置下改善图书馆环境。对于温湿度监控需求来说，可以在智能监控系统中引入多传感器融合技术，将支持向量机的多因子监控系统建立起来，并将基于紫蜂协议的无线监控节点设计出来，从而给无线监控以及智能控制提供技术方面的支持。

2.1.2　智慧节能减排。根据住建部发布的数据显示，我国每一年会新增20亿平方米建筑，而基本上都是高耗能建筑。从相关统计来看光是楼宇建设产生的温室气体就占了全球温室气体的21%。建筑能源管理系统(Building Energy Management System)在对建筑能耗数据进行收集和分析后，将现有设备运行控制策略进行提升和优化，最终也就将能源消费减少了，而建筑能耗也会降低。在物联网技术下建筑传感网会根据设备特性以及在多目标、多策略的节能控制技术进行分类。建筑信息模型(Building Information Modeling)的核心基础是三维数字技术以及相关信息工程数据，这里面包括地理关系、几何关系、空间关系，也包括建筑构件的材料、建筑构件的数量、建筑构件的面积、建筑构件的价格等，从而将建筑完整数据库构建出来，使得施工进度得以加快，并用绿色建筑全生命周期进行管理。楼宇节能控制系统会使用微处理器联合红外线传感器来对人员数量进行统计，并利用光控模板来对光照度进行采集。再利用微处理器对人数以及光照强度信号进行实时采集，接着进行数据处理以及算法分析，最终可以将楼宇照明灯具实现自动控制。与此同时，还可以对电器状态进行采集，如果电器状态处于长时间待机状态，那么就会自动切断电源，之前有相关实验证明了这种方法可以将电能利用率提高。利用紫蜂的智能楼宇节能控制方案会用无线射频芯片以及低功耗单片机来当做系统传感器的终端节点以及路由器节点主控制芯片，在无线传感网的实时监测下，可以节能低碳控制楼宇温度、楼宇湿度、楼宇光强、人体红外等环境参数，这样楼宇的空调系统以及照明系统就会得到一定优化。

2.1.3　智慧空间布局。一般情况下，很多图书馆会按四种方式进行划，第一种方式是按照学科进行划分。第二种方式是按照读者对象进行划分，例如普通人，科技人员，少年儿童等，第三种方式是按照出版物进行划分，例如视听资料，微缩资料，光盘报刊等。第四种方式是按照管理方式进行划分例如开架管理方式、半开架管理方、闭架管理方式。在数字技术的广泛应用和智能化终端的普及下，这个时代的传统分类方法慢慢变得模糊。智慧图书馆的发展趋势是基于用户道馆的目的以及用户的使用习惯，从而进行空间划分的。而读者的休闲娱乐活动，社交活动和学习备考活动也都是空间设计的主要参照因素。相关工作人员需要利用问卷调查，网络调查，实地调查来对图书馆读者的需求进行了解，从而分析藏书，活动，休闲空间的比例应该是多少，并根据读者的需求来将布局确定下来。

2.2 管理智慧化

2.2.1 馆藏组织与揭示。近些年来，不论是国内图书馆还是国外图书馆，都对智能化技术的运用不断探索。例如在芝加哥大学图书馆中，就利用了智能技术，将机器人堆叠书库管理系统建立了起来，以此来减少空间的占用。而西雅图图书馆主要是利用多媒体文献来对相关数据进行全面感知，并通过大屏幕进行分类显示。在加拿大的一些图书馆甚至博物馆，其都和加拿大的大学建立了智慧图书馆联盟。在统一的搜索引擎下，可以为读者提供一站式服务。而澳大利亚某一所大学的图书馆运用了概念验证的理念。在智能客户端程序下对电子器杆进行归档。我国的香港大学和台湾中兴大学都在 RFID 下设计了智能图书馆书架。中兴大学利用的是人工神经网络以及数据挖掘技术，用这些技术根据用户背景把划分为多个集群，并进行场馆利用实验。交通大学则是对读者检索与借阅记录进行分析，从而根据读者的需求来将挖掘模型构建起来，从而提高场馆资源的利用效率。对读者文化科技需求的充分发掘是智慧图书馆馆藏资源管理的必要条件，在物联网，云计算，虚拟现实技术下，需要进行对相关资源进行组织和揭示，从而将资源导航平台建设起来，这样才可以向读者直观且感性地将馆藏特色与优势展示出来。最终将馆藏资源利用效率提高起来。

2.2.2 设备感知管理。低成本、具有较快的传输速度、适中的识别距离、有很强的抗干扰能力是 RFID 的特点。而且它的应用优势在图书牌架上，用户身份识别上，固定资产管理上都有很强的优势，但它的识读距离有限。紫蜂是一种双向无线通讯技术，其具有成本，低功耗低，速率低，复杂度低、具有自组网的优势。即即使单个节点通讯距离比较有限，但可以利用自主网和一些简单灵活的节点就可以将有限的距离延伸到无限远。而要想对设备进行监测，对任务进行控制，需要把节点连接到传感与控制设备中。如果图书馆物联网融合了紫蜂和 RFID 那么就艰巨了他们两者的优点。例如，RFID 自动识别目标的简单、快捷性。紫蜂的被动感知以及无线组网的功能，这些都可以让图书馆物联网感知应用系统变得精准稳定。对于图书馆的计算机设备，图书馆的网络设备，图书馆的打印机，图书馆的自助借还机都要进行智慧化管理，而在管理的过程中需要从各自设备的特点出发，将低功耗高性能的无线设备网络系统设计出来。其中就包括了中央控制器，主控芯片，传感器，无线组网技术。它们会从很多个角度进行对比，例如工作频段角度，传输速率角度，功耗角度，传输方式角度，连接能力角度从而将设备安装布线工作进行简化，将系统移动性、便携性，通用性，可扩展性，远程管理能力进行提高。

2.2.3 视频分析与人流管理。以往对图书馆进行视频监控主要是为了防盗以及相关制约管理，或者将读者的行为进行规范。在图书馆摄像头安装数量越来越多的情况下，这种管理价值也就随之提升了很多智能视频监控技术也慢慢取代了人工视频监控。在智能视频监控下需要更加复杂的配套软件，在计算机算法的加持下，对显现图像中用户行为进行分析。例如要想统计读者流量，就可以分析图书馆出入口画面。可以利用时空分析方法，序列分析方法，层次化分析方法来将人体行为特征或建立起来，从而对读者行为进行分析和理解。其中鲁棒性背景建模，高效行为特征表达，三维人体姿态估计和重建是关键性技术。对人脸进行检测，对人脸进行跟踪，对人脸进行抓拍，以及对人脸进行评分。这是人脸识别系统的目标跟踪。主要流程包括采集人脸图像，分析人脸，布控与再识别。这时候智慧图书馆就可以利用高配置的服务器，根据监控画面中的人脸，在之前设置的信息库中迅速找到对应的读者信息。所以，智慧图书馆要想丰富用户信息，就要引入智能视频监控，以此来实现更加精准以及更加个性化的信息推送服务。

2.2.4　座位管理。图书馆的自主学习功能需要依靠井井有条的座位秩序，在入馆人数越来越多的情况下，会让图书馆座位资源变得非常紧张。以一些高校图书馆为例，特别是在临近考试的时候，图书馆占座现象十分严重，而利用智能座位管理系统在 LED 大屏和带触摸的计算机再加上一卡通的读卡器，利用红外感应技术，视频监控技术，无限追踪技术就可以感知管理读者和空间作为将图书馆座位管理制度真正的落实下去，将座位的利用效率真正的提高起来。给图书馆相应的位置安装传感器。这样可以对人员以及座位状态信息进行收集和发送，并将这些汇聚到处理单元中，在处理单元中将管理软件进行设计安装，并在一定算法下匹配管理人员信息以及座位信息，最终显示在智能终端上。之后图书馆再进行动态，高效以及个性化的座位管理，这是根据读者行为特征以及读者习惯而制定的座位管理规则。

2.3　服务智慧化

2.3.1　智慧公共文化服务。现在智慧图书馆的建设已经趋于成熟，不论国内还是国外的智慧图书馆也慢慢从重视技术转变为重视图书馆的服务质量，特别是一些公共图书馆对智慧服务方法非常看重，也会对其内容进行探索和实践。例如有些城市的图书馆就有同城一卡通，24 小时自助图书馆，图书馆的手机客户端，联合参考咨询，全媒体阅读等等。很多公共图书馆也都为市民提供了一些公共文化服务，这是其未来的发展战略，需要相关部门以及工作人员积极应对，从而将城市公共文化服务平台组建起来，并且要支持智慧社区服务、智慧经济服务、智慧学习服务等。来给该城市市民提供更加精确以及智能的服务体验。

2.3.2　智慧信息推送服务。智慧图书馆服务的首要目标是个性化服务是。很多国外图书馆会利用信息互联感知技术来提供一些多样化服务。例如，馆内与馆外人员互动活动、借阅馆内文献活动、音乐服务等等。韩国建国大的图书馆对语境感应技术进行了相关探索，研发出来对文献上下文的感知信息服务模型，这样就可以有效识别用户的需求。在信息技术条件下个性化服务的基础是感知读者个体特征。然后再利用数据整合、过滤、汇总等方式对本来比较孤立琐碎的读者信息进行整合，最后推送的资源也会更加具有针对性。

2.3.3　智慧弱势群体服务。在经济社会中处于弱势地位的人群是弱势群体指，主要包括残障人群、贫困人群、农村留守人群、孤寡无业者、进城务工人员等。经济能力差，生活质量低是这些人群的主要特点，所以其在一些困难面前的承受力比较低。这些也是创建和谐社会环境主要重点关注的部分，在智慧图书馆服务中，这些也是重点照顾的对象。智慧图书馆通过物联网技术、传感器技术、数据挖掘技术可以将用户获取信息的体验感以及效率提供，不管是空间环境规划、功能区布局、馆藏资源建设，还是服务方法选择都要把弱势群体融入进去，所以在一定程度上，新兴技术的发展为图书股弱势群体服务带来了机遇。

战略管理与变革领导

1. 智慧图书馆战略管理及其特征

1.1　智慧图书馆战略管理。持续性是战略管理的重要特性，里面主要包括很多个可以相互连接的环节，其中关键一个环节是战略实施。智慧图书馆战略能不能发挥真正作用，主要就是看战略实施。战略管理在智慧图书馆中有四个部分。第一个部分是环境扫描，其主要目的是为了将影响智慧图书馆发展内外部环境的影响因素扫描出来，找到其中存在的优劣势以及发展机会和威胁。制定科学战略的前提是环境扫描。SWOT分析法是最常用的方法。第二个部分是战略制定。智慧图书馆以自身的优劣势来制定合适自己的战略计划，并且在制定过程中需要将战略的可行性以及可操作性进行综合考量。第三个部分是战略实施。在整个战略中，战略实施是非常关键的部分，需要相关部门做好预算工作以及资源准备工作，这些都是战略实施的保障。第四个部分是评估与控制。评估战略的好坏需要依靠战略绩效来进行，智慧图书馆在实施战略管理的过程中，一旦发现问题就要及时改进以及优化。

1.2　智慧图书馆战略管理的特征

1.2.1　复杂性。智慧图书馆有着很多种使命，既要将自己自身的发展进行实现，还有社会教育的责任。所以智慧图书馆战略在特性上具有多元化特性。除此之外，智慧图书馆是一个公共服务性组织。政府拨款是智慧图书馆主要的经费来源，即使智慧图书馆可以通过服务社会获得一些经费，但还是会出现经费紧张的问题，所以在这个背景下，智慧图书馆战略管理工作就会因为经费不足，以及资源不足增加难度。

1.2.2　差异性。智慧图书馆在战略选择上具有很大的差异性，这主要是因为智慧图书馆的地理位置不同、所承载的区域文化不同、历史传统不同等，这些就会造成一定的差异性。然而，智慧图书馆是一个具有高度协同化的一种公共服务组织，也是正因为这个特点，智慧图书馆在战略联盟中会有一定的可能性，因为每所智慧图书馆的图书资源在一定程度上都是有限的，所以，如何充分利用这些资源是当下所有智慧图书馆亟待解决的问题。这时候智慧图书馆就可以根据自身情况，以及在充分论证下选择战略联盟，从而实现优势互补，将资源的效用发挥到最大，达到共赢目的。

1.2.3　周期性。因为智慧图书馆是非营利组织，所以在制定战略目标的时候，需要考虑到文化传承、经济建设、社会发展等方面。而在制定战略目标的时候，往往都是以定性描述为主，很少会涉及到财务方面的目标，而且这些目标都需要经过很长一段时间才可以实现。

因为智慧图书馆具有较长周期性的特点，这就需要其在战略管理过程中要科学规范的进行操作。

1.3 智慧图书馆战略实施

1.3.1 环境扫描。社会教育以及社会服务是智慧图书馆的基本使命以及愿景，所以智慧图书馆在进行战略管理的时候，需要对环境进行扫描分析，在社会环境的要求下，智慧图书馆可以利用信息服务平台来对环境信息进行收集，从而将科学的战略目标制定出来。在宏观环境分析上，主要包括政治环境分析，法律政策分析，经济环境分析，文化环境分析，社会环境分析，技术环境分析，智慧图书馆需要根据自身的实际需求出发找到和自身相关的信息因素，政治法律环境，主要包括政策方针，法律，法规等这些对智慧图书馆的发展都有直接影响来素。在政府职能的不断转变下，其对社会各个领域的发展以及区域平衡发展的宏观调控的作用都在不断增强。所以智慧图书馆发展的首要因素是政治法律因素。除此之外，因为智慧图书馆还承担着文化传承责任，其公共文化服务需要考虑到社会文化的影响以及经济因素的影响，从而将科学的发展战略制定出来。在竞争环境分析中，任何行业都存在着竞争，即使是公共服务性质的智慧图书馆也不例外，所以智慧图书馆需要分析竞争环境，对同一区域的数量以及同类型的服务特色和社会评价进行关注。与此同时，还要将竞争对手的优势和劣势进行分析，从而结合自身的实际情况来制定科学发展战略。智慧图书馆可以将本馆的有资源优势进行充分发掘，再开展一些特色服务。之后利用战略联盟的方式将自身的不足进行弥补，从而实现优势互补。在内部环境分析中。常用的是 SWOT 分析法，其主要包括优势(Strengths) 分析、劣势(Weaknesses) 分析、机会(Op-portunities) 分析、威胁(Threats)分析，智慧图书馆要想知道自身所处的外部环境有哪些机会和威胁，可以利用 SWOT 分析法进行分析，在分析过程中找到内部环境的优劣势因素，并将不同的战略制定出来。对于智慧图书馆来说，社会知名度、藏书量、特色馆藏服务是优势，办管规模小、经费不足，工作效率低是劣势，而国家文化体制的改革，人们日益增长的文化需求，国家经济建设、和谐社会发展，这些都是智慧图书馆的机会。网络的发展是智慧图书馆的威胁因素。此外，还有同行业的竞争对手也是一种威胁因素。

1.4 战略选择及分解

智慧图书馆要想将自身的优势进行扩大，还想解决实际问题，可以利用以点带面的方式进行，这样可以对战略效果进行保障。智慧图书馆还可以利用外部环境分析来将发展的机会牢牢抓住，还可以将多元化的经营战略、联盟战略、防御战略进行制定，以此弥补自身的劣势。智慧图书馆还可以制定战略、节约战略等，以此来应对外部的危险。即使智慧图书馆在SWOT 分析法下将不同的应对战略制定了出来，但战略类型的不同也存在着一些问题，例如，战略数量过多、战略比较分散、战略之间缺乏关联性等。所以智慧图书馆在 SWOT 分析法上还可以利用 BSC，来归类制定的战略，让所有的战略都有着因果驱动的关系。智慧图书馆可以从 BSC 的各个维度特点出发，合并维度相似的战略。智慧图书馆也可以根据 BSC 四个方面的战略目标，将战略地图绘制出来，这样不同战略之间的关系也可以很直观的显现出来，可以帮助相关管理者对战略目标以及所承担的责任进行更好地了解，以便于在之后实施战略的时候，可以将他们的作用最大程度地发挥出来。

1.4.1 战略实施。在实施战略的过程中，智慧图书馆需要从具体指标以及各个部门的工作职责出发，将相应的行动计划制定出来，从而将整体战略目标和各个部门的日常活动联系起来。其中行动计划包括相关工作人员的配置情况、预算的配合、其他资源的配置。以往传统的预算管理过于偏重于财务指标，战略相关度比较低，所以智慧图书馆需要从战略以及行动计划出发，将预算进行确定，为战略实施提供良好的资金保障。除此之外，智慧图书馆还要重视人力资源管理，为战略实施提供充足的人力资源。

1.4.2 战略评估与反馈。评估战略实施效果非常重要，所以智慧图书馆需要将战略考核体系也建立起来。现如今，绩效管理模式还是过于注重效度考核，没有充分重视信度考核，所以智慧图书馆在实施战略管理的过程中需要考核估员工的工作效率，也要融合工作内容和战略目标，从而推动各项活动可以顺利开展。智慧图书馆还要在行动计划以及具体指标的基础上将战略绩效考核体系建立起来，也要将相应的考核指标确定下来。其实BSC还是一种绩效考核方法。在BSC四个维度的指标下，智慧图书馆可以将具体的绩效考核标准制定出来，这样可以将以往传统考核存在的问题进行解决。部门战略考核以及个人战略考核都包含在战略考核体系中。智慧图书馆在考核过程中，一定要重视考核的公平性以及考核的公开性，也要做到奖惩分明，奖励达标的部门以及员工。

第三节　融合文化与社会的可持续创新

1. 智慧图书馆文化与社会融合现状

质量差距不大的服务，避免形式主义的"翻盘式"分管和基层服务点。

2. 智慧图书馆融合文化与社会智慧文旅建议

2.1　"智慧图书馆＋智慧文旅"模式的价值发现与服务延伸。打造以图书馆为中心的文游资源数据建设中心、保护中心与体验中心在国家"十四五"规划的指导下，在文旅融合新时代，图书馆实现了从数字化保存到服务应用的提升，利用数据中心汇集本地区文旅系统数字资源，形成"一次建设、多次利用"的本地文旅资源保护体系，实现资源采集、盘点、整合、发布、应用、推广的完整流程，让图书馆的服务效能最大化体现，讲好地方故事，填补旅游场景文化资源内涵，助力文化扶贫，彰显城市特色与多民族的文化魅力，让人们受到更好的文化教育和熏陶。

2.2　实现"三融一体""三融一体"即旅游资源与文化资源融合，资源建设与市场应用融合，发布平台与产品终端融合。在宏观层面推动"文化＋旅游"资源的科学统筹与融合，用智慧文旅融合带给游客、读者全新的服务。打造可随走随读的阅读环境，提供各种场景都能使用的特色资源，采用"文化＋科技"融合模式，充分挖掘地方文献历史，将文旅资源与现实场景结合，使其成为有形象、有立体感的文旅资源。在线上，实现景区、重要场所数字化；在线下，实现景区、重要场所导览内容升级。鲜活的文旅场景的资源和产品体验供给，能为读者和游客提供基于地理位置分享服务的全新文旅资源数字平台、应用终端和体验空间。在微观层面，展示地方文化资源张力，增强游客在旅游前、旅游中、旅游后的人文底蕴获得感和满足感，解决旅游过程中出现的场景单一、走马观花等问题，延长游客停留时间，提高旅游产品的附加值。增强用户对地方文化的认知感，增强用户甄选旅游地点的便利性。

2.3　"智慧图书馆＋智慧文旅"的价值与模型。集合地方文旅资源的深度挖掘与成果展示

全方位分析"让沉睡的文旅资源鲜活起来"，深度挖掘地方人文资源，通过产业化加工生产，以 VR 场景、有声故事、视频故事、图文故事等形式进行成果展示。提供旅游景区数字化线上解决方案景区能在平台上充分展示最新信息、策划活动、优惠政策等，吸引游客获取景区的信息；通过平台便捷地获取最新旅游市场的动态和方向，推出更接近游客的活动，反哺景区接受旅游市场的考验，直观分析，促进景区良性发展；提高景区数字化在升 A 考核指标中的评估分数；实现景区云旅游模式，提供游客预约景区服务，丰富景区进入渠道。作

为导游讲解辅助工具不断更新的人文故事资源可作为导游上岗／培训的重要课程支撑，导游可借此缓解领队压力、优化讲解思路、提升讲解质量，实现讲解过程的"信、达、雅"，反哺景区优化管理。满足读者、游客的需求 1.预约旅游的便携应用工具疫情暴发后预约景区旅游已加速普及，游客可便携使用产品，享受预约时间、分段错流、预约讲解等增值服务，从而大大提升游客对景区的满意度。2.提升游客甄选景区的能力游客可在出游前通过基于地理位置分享服务搭建的平台、应用终端和体验空间，将产品化加工资源，如 VR 全景、有声故事、精彩视频、诗词名句、精美图片、资讯报告等传递至身边，满足不同阶段的需求，从而对景区景点进行全方位了解，提升自选进入景区的兴趣。3.不限场景展示的应用终端

个人使用场景：满足线上读者不限场景的使用，如车载播放、睡前使用，从而随时随地了解地方故事。文化教育场景：利用置放在文化教育场所（如城市书房、学校等）的一体机实现互动，满足学生和读者的课外查阅和学习需求，助力地方文化的集中展示宣传。酒店／民宿客房等住宿场景：连接智能音箱与酒店门禁系统，让酒店住户一插入门卡就能通过智能音箱聆听当地精彩的有声故事。旅游大巴的交通场景：利用二维码与旅游大巴广播植入有声故事，游客在路途中就能提前了解游玩地。景区导览的旅游场景：利用二维码、景区一体机、大屏播放等形式进行资源投放与宣传，游客在深入景区游玩时，可借助定位功能一键了解地方故事。功能和优势。在使用层面，重点突出移动交互式服务，利用社会化渠道与平台增量，让文旅资源和服务可预约、可查询、可收看、可体验、可互动、可评价，提升用户服务的获得感和满意度。

第九章

展望未来智慧图书馆

智慧图书馆的未来趋势与前景

1. 智慧图书馆未来发展方向分析

1.1 加强战略规划与业务布局目前，我国智能图书馆的发展远远落后于一些发达国家的发展，仍处于初步探索阶段。为了进一步发展，我们需要抓住卓越、创新和实践的特点，密切关注社会发展，根据实际对未来发展进行总体规划，逐步遵循原则，制定可采取行动的发展战略。特别是要根据不同阶段智慧图书馆的发展特点，实施新的业务布局，让智慧图书馆在未来走得更远、做得更强。

1.2 实现跨平台组织运作在建设智慧图书馆的过程中，我们应充分利用信息、网络和数字技术，通过开放、整合、协作、便捷、共享的社会形态和良好的智慧社会环境，构建跨部门、跨部门、区域的图书馆结构。通过这种方式，我们可以推动智慧图书馆创新服务模式，丰富服务类型，改善感知体验，扩大服务范围。在跨界信息资源整合层面的有效整合也可以改善图书馆之间的意见交流和合作。

1.3 进一步扩充文献资源传统图书馆的文档资源是封闭的，而智能图书馆是开放的、共享的，并且随着时间的推移而进步。智慧图书馆应仔细感知、评估和分析不同渠道和渠道的用户行为和需求，拓展文献资源，实施新旧资源的有效替代，不断提高读者图书馆的认知度，同时收集和分类信息，例如用户反馈和个性化需求。需要注意的是，智能图书馆文献资源的扩展不应基于主观假设，而应基于现实，真正反映社会和读者的真实需求。

2. 建设智慧图书馆的有效路径

2.1 大力创新智慧图书馆的建设目标首先，从建设智慧图书馆的宏观层面来讲，是新型智慧城市的核心内容，最先，在保障国家数据信息内容安全条件下，从国家数据发展战略规划的角度整体规划建设智慧图书馆的组织体系，促进智慧图书馆的信息共享与对外开放，促进图书馆之间的互联互动，城市之间的互联互通，打破信息的束缚，推进高效流转和应用图书，从而有利于解决"信息孤岛"等问题。其次，在积极构建智慧图书馆规划期间，需要高度关注贫富悬殊，数字鸿沟，兼具信息化水平和经济社会发展要素，剖析不同智慧图书馆的精确定位，挑选出更加适合自身发展的推进方案，合理布局。因此，构建智慧图书应是分阶段、分步骤的。最后，从建设智慧图书馆业务建设层面上来讲，由于智慧图书馆会涉及诸多行为主体，因此必须加强与不同部门的业务合作和信息共享。尤其是需要解决图书与不同行为主体（策划者、建设者、监理方、用户、政府机构等）关系，基于各类融合并增强各行为主体的优势，从而形成共建共享共治的管理服务新格局。

2.2　加大对智慧图书馆建设理念的创新力度实际上，智慧图书馆并不是无人图书馆。在积极构建智慧图书馆期间，高度重视服务人民的基本要求。因而，在建设智慧图书馆的理念问题上，主要以"为了人并依靠人"为主要宗旨，坚持以人为本的建设核心价值，保证满足用户的实际需求以及坚持以图书人员为主的基本原则。第一，十分重视用户需求，灵活运用人工智能技术和5G技术，使用户通过各种智能终端随时随地获得、咨询、搭建图书信息，纪录图书用户的活动轨迹和使用习惯，深入分析图书用户喜好以及个性化图书服务方式及服务内容，使之能够提供个性化、互动化、集成化的智慧图书服务。其次，从建设智慧图书馆的层面来讲，培养并提升多样化、复合型专业优秀人才，基于智慧图书建设的实际情况，统一图书人员的理论知识水平，加大力度重视智慧图书管理的方便性和实用性，从而促使相关图书人员在服务项目运作环节中的有利价值得以充分发挥。

2.3　加大对建设智慧图书馆路径的创新力度智慧图书馆是数据信息图书实体建设与基本建设相结合的有效路径。在建设智慧图书馆期间，不但要高度重视图书信息和资源知识管理以及数据管理，还要加大对图书实体的智能管理的关注力度。借助物联网技术、大数据技术、云计算技术的深层次运用，与图书实体相结合，进行更为安全高效的智能管理模式。因而，在推进建设智慧图书馆期间，应积极采取实体管理和内容管理两种方法。一是大力推进智慧建设实体管理，智慧化建设图书馆实体管理，主要涉及智慧化图书载体、智慧化图书设施设备、智慧化图书库房等，以安全和智慧APP为基本原则。应用智慧技术还能够凸显基础工作的重复性和基础性，使图书相关管理人员更有效地执行智慧化管理，有益于提升图书管理的精确性。二是智慧化管理图书馆内容有利于承继和发展数字图书，借助人工智能技术、云技术和大数据技术，深度挖掘图书信息数据所暗含的潜在价值，从而促进全面开展并有效利用图书信息资源的最终目标得以顺利实现。

1. 5G 时代下的科技与文化演化

5G 技术与智慧图书馆随着科技的发展，物联网、大数据、云计算等技术在图书馆中得到快速应用，人们的阅读、检索等信息获取方式也发生了重大变化，催生了图书馆由数字化向智慧化转变。5G 即第五代移动通信技术，5G 在传输速率、远程协助、网络容量、广域覆盖、系统协同等方面都实现了重大突破。它以更快的传输速度、更高的移动通信稳定性和更为真切优质的用户体验感在很多行业和领域得以广泛应用，真正体现了技术为用户服务的理念。图书馆作为文化知识的重要载体与信息检索查询的主要基地，担负着为广大公众提供文化知识鉴赏学习、资料查找与信息分类检索的重任，将 5G 技术应用于智慧图书馆建设，对其服务体系的智能化具有重要意义。图书馆的发展，经历了由传统图书馆到数字图书馆、再到智慧图书馆的过程。智慧图书馆以数字化和智能化为基础和前提，具有智能感知、互联共通、高效便捷、泛在共享等特征。智慧图书馆不再是一个单一的提供文化知识检索的场所，而是一个融合了大数据、云计算、物联网、人工智能的人性化、智能化的整体形态，是整体感知、智能管理、智慧服务的总和，是传统图书馆和数字图书馆管理与服务模式的升级。

1.1 5G 环境下智慧图书馆服务体系构建策略

1.1.1 聚焦问题短板，创新公共文化服务方式传统的图书馆纸媒阅读方式是单感官的，线上线下阅读服务分散，现有的阅读平台对用户感官冲击力不足。要提升用户的阅读体验，深化服务层次，虚拟现实系统和多方位沉浸式体验就成为首选。5G 的一个重要特点就是高速率，−36−2022 年 9 月 SEP，2022100Mbps 的用户体验率和 20Gbps 的峰值速率，满足了超高清视频和虚拟现实技术等所需的大数据传输条件。因此，虚拟现实和增强现实技术支持的沉浸式阅读成为可能。首先，充分利用 VR、AR、AI 等数字化技术，进行虚拟现实和增强现实体验。杭州图书馆创新运用智慧图书馆、公共文化云项目，对珍贵的民国典籍、民国图书和民国期刊等资源开展细颗粒度建设，运用虚拟现实技术构建立体模型库，复现典籍的形成过程，将动态的模型式的古籍生动地呈现在读者面前，为广大用户上演了一场让古籍"活"起来的文化大餐。未来还可以探索更多古籍文献"动"起来的虚拟化实景展，并丰富动态过程的细节。在此基础上，可将 VR、AR 技术进一步应用于信息咨询、立体数据库、情景库建设等，拓宽虚拟现实技术的运用领域。其次，5G 赋能的智慧图书馆以其高速率支持的超高清视频和增强实现技术等营造全景式阅读空间，创新用户在图书馆阅览的体验感与阅读方式，是图书馆服务方式上的一大革新。图书馆打造基于 5G 等新技术的新阅读体验中心，运用 5G 打造全景展厅，让用户身临其境地"云阅览"纸质书籍，"云鉴赏"馆藏文物。打通用户多种感官通道，调动多感官参与，真正实现沉浸式阅读体验。5G 环境下的智慧图书馆不仅以沉浸式阅读和整体感知提升用户的阅读体验，而且通过虚拟现实技术和增强现实技术的应用，将纸质的文献形象化，在再现典籍创作的过程中进行文化传播，实现了图书馆服务方式的升级深化。

1.1.2　通过泛在智能服务，提升服务效能 5G 技术为智慧图书馆的人工智能化赋能，以 10TbPs/km 的流量密度、100 万 /km 的连接数密度，实现了广域覆盖、泛连接，便于大数据、物联网和人工智能在智慧图书馆基础管理和服务建设中有效发挥作用；网络端到另一网络端的传输时延仅为 1—10ms，超低的时延满足了远程智能设备的实时控制。5G 环境下大数据和物联网结合，实现图书盘点、数据整理的智能化；无感借阅、智能信息分析简化用户借阅和还书环节；而低时延的 5G 特点，又让远程控制系统在智慧图书馆人性化服务方面极大地发挥了作用。5G 赋能的智慧图书馆，提升了服务效能，有利于自助图书馆进行人脸识别、自助借阅、自助查询、远程操控等。用户入馆后，使用无线射频识别（即 RFID）进行人脸识别、读者信息存储，人工智能技术等进行智能语音播报、智能体感检测，然后再利用大数据将读者的人脸信息等存入读者数据库，连同读者的数字足迹等共同构成完整的用户资源库，便于用户的身份辨别以及制订更具个性化和针对性的服务。读取预留的用户信息，根据用户的数字足迹和情景信息进行专属管家推介。智慧图书馆如同一个大的智能管家，不仅为每一位到馆的读者都建立一个读者档案，而且在细节上更加贴心，实现体贴入微的微服务。通过远程终端操控设备来调节图书馆内的温度和光线，控制馆内到访人数，智能统计馆内图书的读者借阅量，并以此为根据来分析用户偏好，利用大数据来智能分析馆内文献资料的受欢迎度，智能调整其位置摆放和读者推送频次，整体提升智能管理和服务水平。国家图书馆在 2019 年研发的智能机器人"小图"，具有人脸识别、智能交互、信息检索等功能，是咨询机器人方面的创新实践。图书馆智能机器人主要有咨询机器人和盘点机器人两种。5G 环境下的智慧图书馆还要建设 24 小时自助服务智能机器人和图书盘点机器人，使信息传递服务"无时不传，无处不传"，方便用户自主咨询、随时查阅检索和系统整理盘点图书，以提升服务效能。5G 环境下的智慧图书馆，可以实现智能化数据盘点、人性化远程管理和个性化针对性服务，服务水平和效能得以大幅提升。

1.1.3　在用户管理层面，实现服务精准化在当今"碎片化"浅阅读盛行的时代，读者推送要避免陷入泛化和同质化的窘境，要在深入分析用户需求的基础上，对读者的阅读需求精准推送，这就需要图书馆对用户的分析更加精细化、智慧化、标签化。5G 技术多点、多用户以及系统协同化为智慧图书馆的海量用户数据存储与检索提供了技术支持。5G 赋能下的智慧图书馆对知识网格和元数据的划分和分类更加多元，便于有效存储每一位用户的资料，包括其浏览的内容数据、与其他用户的交流互动数据以及即时捕捉的用户在特定情景下的实时情景数据与读者的个人基本信息等，从而构建更全面、详尽的读者数据库，为智能适配和精准推送奠定基础。图书馆利用 5G 技术从用户基本数据、内容偏好数据、用户交互数据、情景数据等方面对用户画像进行准确描述。用户基本数据如用户的年龄、性别、职业等和情景数据等是用户外在呈现出来的，可归入情景数据库；而用户的内容偏好数据和用户交互数据等是在使用数字设备时产生的，因此可归为数字足迹库。智慧图书馆要利用数字足迹和情景数据研究用户需求，分析阅读偏好，进行精准推送。数字足迹可以有效反映用户的浏览习惯与关注点，为研究用户偏好进行大数据分析和个性化推荐提供依据。关注用户的数字足迹还要关注其阅读某类文献资料的时长以及相关资料的深度与广度，以此来全面分析用户行为。对于一般用户和科研用户又各有侧重。一般而言，一般用户侧重推送内容的广度，注重跨领域的横向推送；而科研用户侧重推送内容的深度，注重某专业的纵向推送。5G 应用于智慧图书馆建设中，为读者数字足迹追踪和整合分析的精准化、专业化提供了技术支持。、

1.1.4 空间建设人文智慧化，营造人性化服务氛围智慧空间建设是智慧图书馆的重要组成部分，5G 环境下的智慧图书馆在空间建设上应更加体现人性化、智能化、节能化。智慧图书馆的空间可以划分为现实空间和虚拟空间，现实空间即图书馆的实体空间，智慧图书馆作为智慧城市建设的重要的组成部分，空间建设可以借鉴城市规划方案，在智慧城市的系统工程下开展建设；虚拟空间即应用 5G 和虚拟现实技术创造出来的有别于现实展馆的空间，如共享空间、创客空间、第三空间、数字学术空间等。全景展厅、"云阅览"以及读者利用 VR 技术所看到的景象等都属于其范畴。智慧图书馆中的现实空间和虚拟空间要合理规划，既切合用户的阅览习惯，又在一定程度上引领读者的阅读认知水平。智慧图书馆应用 5G 技术，便于构建智慧楼宇系统。智慧楼宇系统是依据 BIM 技术（建筑信息模型）和物联网技术，将建筑和物联网进行有机整合的最优化集约楼宇系统。5G 技术的极大传输量与高稳定性为图书馆的智慧楼宇建设提供了可能。图书馆利用 RFID 技术，实现了部分智能。5G 环境下的智慧图书馆不仅可以利用人工智能技术进行环境感知，远程智能调控图书馆的温度、湿度、光线等，采用智能化的温控系统和照明设备，自动调节图书馆的温度、湿度、明暗度，以达到既让用户体感舒适，同时又让设备正常运行的最小能耗值；而且可以实现人员感知，智能控制图书馆内的人流量，感应噪音值，智能传感器可以实时监控图书馆内的情况。另外，还要在馆内营造出独特的阅读空间，创造适宜阅读的氛围，以人性化、智能化的服务激发读者的灵感和创新思想，带给用户如沐春风的感受。除了图书馆内的空间，智慧图书馆的空间建设还可以延伸到人们的移动出行工具中。5G 每公里 100 万设备的连接数量与支持时速 500 公里的设备接入量，真正实现了高移动性。不仅拓展了图书馆阅读的公共服务空间，而且丰富了人们出行时的文化知识获取方式。5G 技术的高移动性，使智慧图书馆在未来还可以探索图书馆和更多交通工具与平台的合作，全面拓展用户阅读空间，让静态的图书馆"动"起来，在出行中随时随地浏览图书馆资源，让文化和知识深入人们的生活。

1.1.5 建设智慧平台，提高用户共享性图书馆作为城市的阅读学习中心、文化交流中心、

社会和谐共生中心和休闲创新体验中心，在 5G 技术下，通过大数据智能分析具有相同或相似阅读欣赏偏好的用户，整合用户群体，搭建共享平台，进行智能匹配，然后有针对性地推介知识资源给用户，用户可以自由选择留言或评论，分享自己的阅读感悟与知识信息。5G 技术的泛连接特性增加了用户与用户、用户与平台间的互动以及用户对图书馆服务管理水平的参与性与反馈度，实现服务升级，从而增加用户黏性。国家图书馆倾力打造的"魔墙"，就可以支持多人同时在线互动，是 5G 环境下国图智慧图书馆建设的一大创新。以后，这样的创新成果和互动平台会越来越多，越来越方便人们对图书馆的使用。图书馆还要有机整合智能设备与精细划分馆藏资源，与各地图书馆之间实现内容共享、馆藏资源类别更加精细化。图书馆之间通过 5G 的广域覆盖、互联共通，通过服务场景设置，机器学习、知识图谱、可视化等智能技术，有效打破地域限制，实现馆际资源共享，读者可以在这个过程中获得智慧感知、进行智慧获取、进行智慧培训、进行智慧阅读等。可以让最大程度的发挥图书馆的公共文化服务以及社会价值，在这个基础上可以最大程度发挥宇宙赋能。

2. 元宇宙赋能图书馆智慧空间场景建设

智能楼宇建设和虚拟导览是建设图书馆智慧空间代表性场景。因为图书馆属于公共建筑的范畴，它的内部结构比较复杂，在防火以及防灾方面都有很高的要求，所以图书馆有很多相关设施设备，要想建设好智能楼宇，就要把图书馆的日常运行效率以及安全等级进行有效提升，可以让用户和智慧图书馆进行互动，以此来满足用户的需求。智慧图书馆建设情况以及用户体验感都会受到元宇宙相关技术的影响。一般来说，要想建设智慧图书馆，就要进行大量的投入，当前我国智慧图书馆的建设还处于初步阶段。现在很多大学的图书馆也都运用了虚拟导览场景，慢慢地趋于成熟，例如，武汉大学、重庆大学、电子科技大学。学生在 3D 漫游或者虚拟导览下，对图书馆的空间体验感会有沉浸感，再在实际的图片以及讲解员的讲解下，很多用户都会对图书馆的空间分布以及馆藏资源有一个快速了解。图书馆可以在元宇宙下实现"掌上图书馆"，用户可以足不出户就会有一种身临其境的感觉。

2.1 元宇宙赋能图书馆智慧资源管理建设

图书智慧排列、数字资源确权、数字藏品发性、古籍资源保护等是智慧图书馆典型场景。其中智慧排列，会在图书分拣、图书搬运、图书上架、用户自助式服务中体现出来。其中还会涉及自助借还书机、自助借还办证一体机，移动图书馆，智能书柜，移动还书箱、数据实时监控系统等相关设备。智慧图书馆的排列流程、智慧图书馆的设备、智慧图书馆的运行系统、智慧图书馆的数据管理等方面的建设都可以在元宇宙相关技术下得到很大的发展。智慧图书馆在知识产权以及数字资产保护方面可以利用元宇宙中的数字资源确权。在元宇宙的区块链接技术下，图书馆需要利用非同质化通证 NFT 和非同质化权益 NFR，然后把数字资源进行确权、数字资源授权、数字资源使用、数字资源交易等，可以有效保障用户创建以及生产的数字内容。在宣传开发、利用、宣传、推广馆藏资源过程中智慧图书馆可以元宇宙中的数字藏品发行方式。何谓数字藏品数字藏品是指使用区块链技术，对应特定的作品、艺术品生成的唯一数字凭证，在保护其数字版权的基础上，实现真实可信的数字化发行、购买、收藏和使用。国内的数字藏品一般是指一种限量发行的虚拟文化商品，包括数字形式的图片、音乐、视频、3D 模型等。数字藏品源于 NFT（全称为 Non-Fungible Token）概念，可将各种物品数字化并记录在区块链上，每一件数字藏品均独一无二、不可分割，具有不可篡改、不可复制、永久存储和唯一标识的特点，是区块链代表应用之一。在数藏市场，每一个作品都是原创作品，一旦购买，购买者就成了全世界唯一拥有它的人。而这，正是数字藏品的魅力和价值所在。我国国家图书馆到现在已经有一百多年的历史，在 2022 年发行了数字藏书票系列数字藏品，主要包括《百年国图——京师图书馆》《百年国图——国立北平图书馆》《百年国图——北京图书馆》《百年国图——国家图书馆总馆北区》，不仅进行了很好的文化宣传，还非常具有纪念意义。之后山东省图书馆也推出了数字藏品，是"海豹数藏"将携手山东省图书馆发布清代彩绘《山东黄河全图》为题材制作的数字藏品，生动呈现百年黄河变迁。1903 年（光绪二十九年）绘制的《山东黄河全图》（局部），全图采用传统计里画方形式，一方十里，上南下北，彩色绘制，描绘了光绪末年山东段黄河河势及沿岸堤防埽坝情形。历史沿革中，黄河经改道、泛滥与治理而不断变迁，关于黄河治理的典籍、图册亦数量众多。而在这其中，绘于光绪二十九年 (1903) 的彩绘本《山东黄河全图》则是对山东境内黄河全图的呈现，尺幅大，也尤为珍贵。全图长 275.2cm，高 27.6cm，经折装，描绘了光绪末年山东段黄河河势及沿岸堤防埽坝情形。图首列河图表，标识图例，并注堤埝里数。图中黄河、防营、河汉、积水、大堤、界限、残堤、废埝、临黄埝、合龙处、干河、村庄、城、山等均用不同的图形和颜色标识，反映了黄河南北两岸共长 1450 余里的地理情况，其中南岸堤埝共长 545 里，北岸堤埝共长 674 里，图注清晰，在清代水利史和地图史上具有不可替代的价值。由此可以看出在古籍资源保护以及开发利用方面图书馆或许可以借助元宇宙相关技术进行实现。我国有五千多年的历史文明，古籍资源是先辈们留给我们的财富。如果让古籍长时间搁置，仅仅是保存，没有对其进行开发利用，那么其就很难传承起来。但如果古籍被用户经常借阅，那么其也会受到一定程度的破坏。在元宇宙背景下，图书馆可以利用虚拟呈现的方式，甚至虚拟借阅的方式来更好地留存保护古籍资源。

2.2 元宇宙赋能图书馆智慧阅读场景建设

动态实景阅读、想象世界的呈现是智慧图书馆阅读的典型场景，此外，特殊人群还可以利用其技术进行阅读。现如今，已经有很多的图书馆对此进行了相关实践探索。我国国家图书馆在 2021 年的世界读书日，推出了 5G 全景文化典籍——《永乐大典》，用户可以对国画以及典籍进行全面赏析，这样用户对中华传统文化魅力也会有有个身临其境的感受。还有一些企业对虚拟想象世界进行了相关探索实践，杂"红色骑行"是代表性场景。党的故事如万里黄河源远流长，红色人物、历史事件如钟磬之声直击人心，荡气回肠的历史值得人民铭记与学习。然而朴素的书本、黑白的照片、纪实的视频总归是缺少了视觉震撼。随着科技的进步，VR 技术深深地融入了党建，将党建的革命历史真实地还原在我们眼前。伟乐科技推出的 VR 红色骑行百年党史体验，是一款具有教育意义的产品，通过 VR 虚拟技术，打造红色元宇宙之旅，形成跨越虚拟与现实、多人互动的党史学习空间。VR 红色骑行内容是从党的百年大事记中挑选了 35 个事件，每个事件都会还原当时的情景，使用特效动画等还原那令人激动的情景。如全国第一次代表大会、红军过草地、中国第一艘航空母舰辽宁舰正式交付海军等重要主题内容。而上海图书馆也利用了馆藏红色文献，其将上千个红色经典进行了整理，也将行程路线进行了编列。相关用户可以戴上 VR 设备，骑上动感单车探索红色之路，用户会在沉浸式的体验下进行实景交互。对于特殊人群来说虚拟现实技术给他们提供了很大方面，尤其是在阅读上，这也和图书馆的公益性质以及自身使命有着紧密的联系。例如，在 VR 儿童阅读下，可以结合"读万卷书"以及"行万里路"，孩子们会感受到眼见为实的乐趣。虚拟技术还可以给一些特殊教育技能训练提供一个可行的教学空间环境，残障人士可以在这个环境下安全的学习；一些坐在轮椅上的人也不需要真正攀登珠穆朗玛峰了，就可以在智慧图书馆看到最高峰的景色，还可以看到世界各地，回望世界。

2.3 元宇宙赋能图书馆智慧咨询服务建设

服务对象的变化、虚拟数字人服务、知识科研服务等是智慧图书馆的服务典型场景。而其中虚拟数字人服务是最能体现元宇宙色彩一种服务。"虚拟数字人"并不是单纯意义上模拟人的生理。而是对人的社会属性以及生理属性进行全方位的模拟，其是具有社交功能的社会人。由中央戏剧学院以及北京理工大学共同发起了"梅兰芳孪生数字人"项目活动，其主要技术就是虚拟数字人技术了。原型是 26 岁的梅兰芳先生，在外貌上、形体上、语音上、表演上都非常接近原本的梅兰芳先生。是一种接近真人的"梅兰芳孪生数字人"。

2.4 元宇宙赋能智慧图书馆员服务能力建设

要想提高智慧图书馆的服务质量就需要具有高学历、高素质的专家馆员。不仅如此，其还需要具备一定的创新思维、技术能力、知识素养。而未来的智慧图书馆馆员需要对元宇宙的概念进行详细了解，还要在智慧图书馆的服务中应用具有相关概念设备以及技术。之后的智慧图书馆馆员的职责也不会像以往传统的馆员一样。以往图书馆馆员的主要职责就是用户咨询。而智慧图书馆馆员需要将服务中心定位用户，并且为其制作针对性强的特约稿融入想象力和创造力的智慧服务。可以说智慧图书馆员在元宇宙背景下是一种新职业，也给图书馆教育和人才培养指明了方向。

2.5 元宇宙赋能智慧图书馆建设的发展路径

智慧图书馆建设的场景及影响分析在元宇宙赋能下，会更加坚定了之后的发展目标与方向。要想智慧图书馆建设工作利用好元宇宙赋能，就需要从六个方面出发。第一个方面，需要将虚实结合的观念渗透在图书馆行业或者相关产业方面。元宇宙发展经历是虚拟与现实平行发展到虚实相生，进一步可以解释为虚拟和现实互相促进，然后再到虚实融生，即虚拟和现实相融合的三个阶段，所以在建设智慧图书馆的时候需要对这种观念进行借鉴，还要以包容审慎的态度对智慧图书馆进行守正创新。第二个方面，需要将图书馆的资源优势充分发挥出来。在组织资源、利用资源方面图书馆有着明显优势，能够对资源体系进行有效整合，还可以对数字资源进行开发利用，将可视化智能检索系统建立起来，将 3D 资源服务场景构建起来，最终制定数字资源确权规则。第三个方面，需要保障智慧图书馆的基础设施，需要加大基础设施的投入力度，特别是通信设施以及云基础设施，因为这些和元宇宙有着密切关系。除此之外，还要注意建设智能楼宇以及相关智能设备。第四个方面，要重视虚拟技术的研发，特别是怎么有效地布置 AR 技术虚拟环境，搭建可以应用数字孪生技术和知识服务平台。第五个部分。

第三节　推动智慧图书馆发展的行动建议

　　智慧图书馆建设在数字中国、智慧城市等背景下迎来了巨大的发展机遇。长期性、综合性、复杂性是智慧图书馆具备的特性，所以决定了其在建设过程中要进行多方协同一体发展，所以合作是一种必然选择。随着国家图书馆提出的"全国智慧图书馆体系"建设构想，并且文化和旅游部也进行了立项，使得我国进入了建筑智慧图书馆的新阶段，其是一种中央统筹、全行业参与的一个阶段。虽然我国智慧图书馆得到了很好的发展，也初步形成了一些典型示范，但还是没有形成全面智慧气候，尤其是在新兴技术的快速发展下以及不断增长的知识服务需求下。现阶段的单体图书馆不论是在建设规模上以及人力资源上，还是资金投入上来建设智慧图书馆不太现实，需要借助外部的力量进行合作，找到智慧图书馆建设的重难点要集中力量进行解决。

建议使用智慧图书馆建设合作模式

　　现阶段，有一些图书馆进行了智慧图书馆合作建设。在相关调查研究下，发现智慧图书馆合作模式具有可行性，其中有 3 种可以效仿以及推广的典型合作模式。我国智慧图书馆还处于数字图书馆转变为智能图书馆的初级阶段，完成行业实践层面技术和部署是重点任务。这里面主要包括智慧楼宇的布局、智慧空间的布局等，所以现阶段也是基本上实现了自助借还、自助盘点、自助查找等一系列基础业务，对下一代的图书馆服务平台也进行了研发。在建设智慧图书馆过程中，需要用到新一代的信息技术，以及数字化网络、智能化技术。要想图书馆可以正常的运行需要重点关注图书馆服务质量、图书馆的用户、图书馆的资源、图书馆的业务与管理、图书馆的馆员，这些都是基础和前提。

1. 馆企合作模式

　　人工智能技术、区块链技术、机器学习技术、增强现实技术是智慧图书馆在运行过程中高度依赖的技术，此外，还会利用到一些智能设备，例如 RFID 自助设备、智能门禁系统设备、智能监控系统设备、智能咨询机器人设备。但也只有少数图书馆会有智能技术研发能力以及设备设计能力，很多图书馆都不具备这方面的能力，需要借助外部力量，例如一些高新技术企业。这些企业会提供技术服务以及产品服务。因此，我国有很多家图书馆都会高新技术产业进行了合作。如我国的国家图书馆，其在 2019 年就和华为签订了全面合作的框架协议，将国家图书馆华为联合创新实验室成立了起来，对利用智慧技术探索公共文化服务进行了探索，将智慧图书馆的新业态打造了出来。之后又和中国图书进出口总公司建立了战略合作关系，合作业务主要包括 5G 新阅读、知识服务、数字资源战略，面向的用户也比较多层次，可以满足各类用户阅读需求。三方进行了合作将具有场景化和体验感的沉浸式阅读体验过构建了起来。在这个体验区中有 5G 技术。

2. 馆际合作模式

现在全国各级图书馆都以"全国智慧图书馆体系"项目位指导理念进行了转型。

3. 联盟合作模式

个体图书馆要想有效地参与行业竞争，需要用联盟成员的身份参加，这样就可以在联盟的规模效应以及联盟议价能力下就会得到很好的发展机会。但是，现在我国的图书馆联盟在建设过程中会存在一些问题，例如，建筑标准不一、数据孤岛、资源不均等问题，以往的数字联盟功能以及模式都无法满足现在的技术快速更新和用户多样需求下的智慧图书馆建设。在构建智慧图书馆联盟的时候需要将目标定为协同建设智慧图书馆，智慧图书馆技术联盟和智慧图书馆协同创新联盟是较为典型的一个案例。智慧图书馆技术应用联盟 (CALSP) 是一种全国性、行业性、非营利性的社会团体。它是由从事开放平台技术和应用的系统开发商、集成商、对开放平台技术以及应用感兴趣的图书馆、各类组织机构自愿结合的。智慧图书馆技术应用联盟的宗旨是"开放共享、合作共赢"，主要目的是将一个具有开放性，可动态拓展的个性化服务平台构建起来，从而为用户提供一个一体协同联动的图书馆系统研发机制以及共享交流下的图书馆服务平台生态联盟。智慧图书馆技术应用联盟对图书馆应用开发社区的培育工作非常重视，鼓励其贡献自己的价值。现在有一个 13 个成员组成的图书馆应用开发社区，主要包括上海图书馆、陕西省图书馆、苏州图书馆、深圳市盐田区图书馆、上海交通大学图书馆等。它们主要是负责提供需求对接活动、应用实践活动、标准探索活动、产品质量监督活动等服务给联盟产品；在联盟运作上，联盟具体的工作目标是由管理委员会明确的，同时管理委员会还要对工作方针以及工作任务进行明确，之后再由各分支机构开展工作。联盟工作的指导工作需要由专家委员会进行指导，将各类技术、应用标准、相关咨询指导等方面进行明确。委员会的协调工作需要由秘书处，例如，筹备联盟会议、宣传培训、文件起草、联络交流等。智慧图书馆技术应用联盟的具体业务主要包括组织成员对下一代图书馆服务平台的核心版本标准化套件的共同服务和开发；将平台应用规范以及技术标准制定出来，带领着成员打造可持续且开放的社区平台以及促进国内外各地区组织机构合作交流。

4. 我国智慧图书馆建设合作模式运作机理

当前，不管是智慧图书馆建设的合作理论认知还是实践经验都非常薄弱，需要在合作模式下对智慧图书馆内在的、稳定的运行规律以及运行机理进行持续性和高效的分析。

4.1　规范有序是合作保障

一段合作关系中肯定会存在冲突，也非常容易发生利益纠纷。不管和谁进行合作，都需要将对象的分工进行明确，也要将对象的价值贡献进行明确，只有这样才可以将完善、高效的合作秩序构建出来，以此来消解因为任务不分明和利益分配不均匀所带来的合作障碍。就馆企、馆际、联盟合作模式来说，要想合作主体间建立长久且坚实的合作保障，就要重视规范有序工作。一方面，要想建立和维护好合作关系就要对其进行规范，在执行性强的契约制定下，需要将合作责任、合作程序、违约责任进行明确，将各方的权益和义务进行均衡，以此来对智慧图书馆建设长期稳定的合作关系进行明确。尤其是在馆企合作模式中，相关图书馆需要将自身的控制权进行发挥，对合作任务要提前估量，使得契约可以产出明确的结果，同时还要做好想跟踪监控工作，以此来确保相关合作企业可以在规定的时间内将任务完成。另一方面，即使利用规则化和制度化的合作来更快达到效益目的，还也很有可能使得整个合作灵活性不够，程序比较固化，从而导致合作效率不高，创新力也会受到限制。现阶段，智慧图书馆高质量发展的根本动力以及根本核心需求是智慧技术与服务创新，这就需要合作主体在合作过程中尽量尝试一些创意性方案，反正不要用合同以及协定完全限制合作成果，这也就意味着，之后合作关系不断深化下，相关合作主体之间对"声誉"、"关系"、"信任"等非契约机制都要做好建立和维护，可以允许一定的柔性合作和试错的存在。

参考文献

[1] 邱晔. 智慧图书馆建设背景下典藏工作的重要作用与管理对策 [J]. 精品，2021(25): 153-155.

[2] 饶权. 全国智慧图书馆体系：开启图书馆智慧化转型新篇章 [J]. 中国图书馆学报，2021，47(1): 4-14.

[3] 柯平. 关于智慧图书馆基本理论的思考 [J]. 国家图书馆学刊，2021，30(4): 3-13.

[4] 柯平，张颖，张瑜祯. 公共图书馆高质量发展的十个新主题 [J]. 图书与情报，2021(1): 1-10.

[5] 叶继元，郭卫兵，郑德俊，等. 高校图书馆质量评价指标体系框架探讨 [J]. 中国图书馆学报，2021，47(2): 53-66.

[6] 杨倩. 智能机器人技术在图书馆中的应用历程与展望 [J]. 大学图书馆学报，2021，39(6): 30-37.

[7] 邓李君，赵英. 智慧环境下高校图书馆空间转型研究 [J]. 图书馆，2021(12): 52-59.

[8] 肖喆光. 基于信息生态理论的智慧图书馆员培养体系研究 [J]. 图书馆，2021(11): 38-43.

[9] 丛全滋. 于鸣镝读者学思想及其价值研究 [J]. 图书馆，2021(3): 8-15.

[10] 段美珍，张冬荣，冯占英. 面向对象分析视角下的智慧图书馆建设评价要素研究 [J]. 数字图书馆论坛，2021(8): 2-9.

[11] 林鑫，宋吉. 面向高校智慧图书馆的统一用户管理系统构建研究 [J]. 数字图书馆论坛，2021(4): 38-43.

[12] 宋甲丽，程结晶. 公共安全突发事件下高校图书馆应急服务现状调查与分析 [J]. 新世纪图书馆，2021(5): 33-38.

[13] 赵丽娜，刘剑，康犇，等. 人脸识别技术在图书馆门禁系统中的应用研究 [J]. 北华航天工业学院学报，2021，31(1): 15-17.

[14] 张永红. 中小学图书馆装备和书香校园建设的发展趋势
——从第 79 届中国教育装备展示会看中小学图书馆建设 [J]. 实验教学与仪器，2021，38(6): 74-76.

[15] 刘晖. 浅析大数据时代下的智慧图书馆建设

——利川公共图书馆大数据运用研究 [J]. 发明与创新·职业教育，2021(6)：243-244.

[16] 聂应高. 地方高校智慧图书馆建设困境与发展对策

——以湖北科技学院图书馆为例 [J]. 湖北科技学院学报，2021，41(6)：84-89.

[17] 聂兵."互联网 +"时代图书馆智慧服务创新研究 [J]. 中国科技信息，2021(17)：106-107.

[18] 王瑶，邓迪凡，杨凤，等. 基于 5G 与新兴技术的智慧校园构建 [J]. 信息技术与信息化，2021(7)：200-203.

[19] 邹晴枫. 地方高校智慧图书馆建设实践

——以温州大学图书馆为例 [J]. 江苏科技信息，2021，38(24)：26-31.

[20] 李丹. 2020 年我国图书馆学研究热点评述 [J]. 山东图书馆学刊，2021(6)：6-16.

[21] 李秀娟. 新一代服务平台环境下的智慧图书馆建设：业务重组与数据管理 [J]. 黑龙江档案，2022(1)：318-320.

[22] 段美珍，初景利，张冬荣，等."双一流"高校智慧图书馆建设现状调查与分析 [J]. 图书馆论坛，2022，42(1)：91-101.

[23] 陈超. 图书馆要勇当公共文化数字化转型的排头兵——《关于推进实施国家文化数字化战略的意见》学习思考 [J]. 中国图书馆学报，2022，48(4)：23-25.

[24] 邓朝艳. 高校智慧图书馆信息化服务平台建设研究

——评《智慧图书馆信息化建设理论与实践》[J]. 科技管理研究，2022，42(1)：后插 8.

[25] 赵志耘，林子婕. 元宇宙与智慧图书馆：科技赋能文化新路径 [J]. 图书情报知识，2022，39(6)：6-16.

[26] 单轸，陈雅，邵波. 云环境下我国高校图书馆业务流程重组机制分析——基于扎根理论的质性研究 [J]. 大学图书馆学报，2022，40(3)：48-55.

[27] 李秋实，刘瑾洁，黄一澄，等. 效能导向下公共图书馆数字素养教育关键因素及创新路径研究 [J]. 图书与情报，2022(4)：102-114.

[28] 胡媛，邹小敏，朱益平. 国内外智慧图书馆研究热点与主题分析 [J]. 图书馆理论与实践，2022(5)：77-84.

[29] 包鑫，徐青，聂吉冉，等. 智慧校园中的高校智慧图书馆建设 [J]. 四川图书馆学报，2022(3)：18-24.

[30] 王洁，邹金汇，袁珍珍，等. 智慧公共服务中的公共图书馆智慧化 [J]. 四川图书馆学报，2022(3)：11-17.

[31] 仰煜，沈兰燕. 公共图书馆社会化运营管理案例研究

——以临平图书馆为例 [J]. 新世纪图书馆，2022(9)：23-28.

[32] 董京祥，刘亚丽. FOLIO 模式下的智慧图书馆服务平台生态系统构建研究 [J]. 新世纪图书馆，2022(12)：58-64.

[33] 余奕，贺彦平，唐宏斌，等 . 智慧图书馆服务平台研究和实践探索

——以国防科技大学图书馆为例 [J]. 高校图书馆工作，2022，42(3)：58-63.

[34] 吴玉灵 . 智慧图书馆网络安全态势感知平台建设研究 [J]. 图书馆研究，2022，52(3)：93-100.

[35] 王幸远 . 现代信息技术环境下公共图书馆智慧服务体系建设研究 [J]. 河南图书馆学刊，2022，42(6)：12-14.

[36] 李素娟 . 大数据环境下高校智慧图书馆建设及其基础性安全问题 [J]. 才智，2022(5)：157-159.

[37] 尹志强，周聪 . " 双一流 " 建设背景下高校智慧图书馆发展现状研究 [J]. 江苏科技信息，2022，39(23)：25-29.

[38] 兰振荣，文丽云 . 关于智慧医学图书馆体系建设的思考 [J]. 卫生职业教育，2022，40(4)：15-17.

[39] 刘楚楚 . 以用户为中心的医学高校图书馆智慧服务模式构建 [J]. 数字技术与应用，2022，40(6)：69-72.

[40] 邵郭华 . 智慧图书馆的研究热点与前沿 [J]. 华东纸业，2022，52(1)：1-8.